Erich Kirchler, Christa Rodler • Motivation in Organisationen

W0048593

Arbeits- und Organisationspsychologie 1

Erich Kirchler, Christa Rodler

Motivation in Organisationen

WUV

Die Deutsche Bibliothek – CIP-Einheitsaufnahme

Kirchler, Erich:
Motivation in Organisationen / Erich Kirchler, Christa Rodler. -
Wien : WUV-Univ.-Verl., 2002
(Arbeits- und Organisationspsychologie ; 1)
ISBN 3-85114-625-5

© 2001 Facultas Verlags- und Buchhandels AG
WUV-Universitätsverlag, Berggasse 5, A-1090 Wien
Alle Rechte, insbesondere das Recht der Vervielfältigung und der Verbreitung
sowie der Übersetzung, sind vorbehalten.

Umschlaggestaltung: A+H Haller
Satz: grafzyx.at
Druck: Facultas AG
Printed in Austria
ISBN 3-85114-625-5

Vorwort

Motivation ist weder auf „die Karotte vor der Nase" zu reduzieren, noch ist die Möglichkeit, Mitarbeiter zu motivieren, ein Mythos. Motivation umfasst komplexe Aspekte der Interaktion zwischen Organisation und Individuum. Bewusste und unbewusste menschliche Motive, der Wille ein gesetztes Ziel zu erreichen und die dafür notwendigen Handlungen müssen berücksichtigt werden. Das wissenschaftliche Know-how über die Komplexität dieses Themas, die aus dem Zusammenspiel von Person und Situation im Arbeitsalltag resultiert, liefert Praktikern wertvolle Instrumente für die Gestaltung der Arbeit in Organisationen. Die jahrzehntelange Erforschung motivationaler Grundlagen bietet Antworten auf die brennende Frage von Personalverantwortlichen und Unternehmensstrategen, wie sich verändernde Motive arbeitender Menschen in einer sich immer rascher wandelnden globalisierten Wirtschaft entsprechend berücksichtigt werden können.

Was hat uns motiviert diesen Band zu schreiben und warum sollten Sie motiviert sein, darin zu lesen? Einer aktuellen Umfrage zufolge sind Bücher über Motivation jene, die am häufigsten von Führungskräften nachgefragt werden. Allerdings gibt es auch eine Fülle von Angeboten. Jedes Lehrbuch zur Arbeits- und Organisationspsychologie widmet der Arbeitsmotivation breiten Platz. Studierende und Praktiker haben die Qual der Wahl, denn (zu) viele Lehrbücher stehen zur Auswahl und es ist schwer, sich für ein bestimmtes zu entscheiden: Einmal werden die theoretischen Grundlagen auf Kosten praktischer Überlegungen überstrapaziert, ein anderes Mal wird ein Themenbereich zu knapp abgehandelt, manchmal werden klassische Theorien, die längst widerlegt oder als unzureichend kritisiert wurden, ausführlich besprochen und neuere Befunde nicht ausreichend integriert. Deshalb wurden für die einzelnen Bände der Reihe „Arbeits- und Organisationspsychologie" die „Bestseller" unter den Lehrbüchern systematisch durchforstet und bedeutende Theorien und Befunde daraus zusammengestellt. Dies dient dem Ziel, Studierenden einen schnellen Einstieg in die relevanten Grundlagen der Arbeits- und Organisationspsychologie zu ermöglichen und

Praktikern wie Betriebswirten und Wirtschaftspsychologen eine schnelle Orientierung über den theoretischen Wissensstand als Basis ihrer Handlungen zu liefern. Der vorliegende Band orientiert sich daher hauptsächlich an den folgenden amerikanischen und deutschen Standardwerken: Greenberg und Baron (2000), Heckhausen (1989), Nerdinger (1995), Robbins (2001), Weinert (1998). Empirische Befunde wurden anhand aktueller Reviews, die einen breiten Überblick über den aktuellen Stand der Motivationsforschung liefern, miteinbezogen.

Der Inhalt des vorliegenden Bandes widmet sich nur eingeschränkt den älteren Inhaltstheorien der Motivation, die sich im Wesentlichen mit den Bedürfnissen von Individuen am Arbeitsplatz, also Motivinhalten, beschäftigen. Uns erschien die Beschäftigung mit Prozesstheorien besonders wesentlich. Denn diese liefern Anhaltspunkte für Interventionen, die jeweils durch Beispiele für praktische Anwendungsmöglichkeiten am Ende der einzelnen Kapitel veranschaulicht werden. Auf diese Weise soll besonders Kritikern die Praxisnähe des wissenschaftlichen „theoretischen" Wissens vor Augen geführt werden. Jedem Kapitel sind Leitfragen vorangestellt, die eine Information und Orientierungshilfe bezüglich der Inhalte und der Struktur der verschiedenen Abschnitte vor der Textlektüre ermöglichen. Zur Vertiefung des Praxiswissens und für weitere aktuelle Informationen laden wir Sie ein, unsere Homepage: http://www.univie.ac.at/Psychologie/wirtschaftspsychologie/index.htm zu besuchen. Wir haben eine Reihe von Links zu Internetquellen zusammengestellt, die Praxisbeispiele für die Umsetzung der diskutierten Konzepte in der betrieblichen Praxis liefern.

Es ist uns wichtig, größtmögliche Fairness in Bezug auf Geschlechtsunterschiede anzustreben. Ausschließlich aufgrund der leichteren Lesbarkeit haben wir uns entschieden, im Text die männliche Form zu verwenden.

Ausgangspunkt für den Inhalt des Bandes war eine Teamarbeit von Elisabeth Fehrer, Barbara Kornhuber, Annette Plankensteiner und Maria Schiefer, die unter Anleitung von Pia Ceppel und Johanna Heffele in einer Lehrveranstaltung aus Wirtschaftspsychologie an der Universität Wien wertvolle Vorarbeit geleistet haben. Sie haben uns dankenswerter Weise das verschriftlichte Arbeitsergebnis als Basis für diesen Text überlassen. Heinz Zoebl hat unermüdlich auf Fehler aufmerksam gemacht, die in Lehrbüchern tradiert werden und scheinbar nicht auszumerzen sind. Unseren Kollegen Erik Hölzl und Katja Meier gebührt Dank für die kritische Durchsicht des Manuskripts und zahlreiche Verbesserungsvorschläge. Elisabeth Höllerer hat schließlich den Text in eine für den Verlag akzeptable Form gebracht und die Abbildungen angefertigt. Wir danken auch dem WUV für die effiziente und angenehme Zusammenarbeit.

Erich Kirchler und Christa Rodler   Wien, Mai 2001

Inhalt

1 Einführung in die Motivationsforschung

Leitfragen
- Motivation – was ist das?
- Was ist unter intrinsischer und extrinsischer Motivation zu verstehen?
- Kann extrinsische Motivation intrinsische Motivation reduzieren?
- Wie kann Motivation gemessen werden?
- Was sind Inhaltstheorien der Motivation und was sind die praktischen Anwendungsmöglichkeiten?
- Was ist ein Flow-Erlebnis?
- Was sind Prozesstheorien der Motivation und welche praktischen Anwendungsmöglichkeiten gibt es?

Das Ziel utilitaristischer Organisationen ist die Herstellung von Produkten beziehungsweise das Angebot von nachgefragten Dienstleistungen. Um zielgerichtet und erfolgreich zu handeln, müssen Personen entsprechende Fähigkeiten besitzen, die situativen Bedingungen müssen zielgerichtete Handlungen ermöglichen und die Motivation, eine Handlung auszuführen, muss gegeben sein. Erfolgreiche Leistungen in der Kunst, im Sport oder in der Wirtschaft basieren nicht nur auf individuellen Fähigkeiten, sondern auch auf Motivation und Willen und förderlichen Situationsbedingungen. Leistung ist eine Funktion aus Fähigkeiten, Motivation und situativen Möglichkeiten.

Leistung ist eine Funktion aus Fähigkeiten, Motivation und situativen Möglichkeiten.

Motivation ist keine überdauernde Persönlichkeitseigenschaft, die manche Menschen besitzen und andere nicht. Motivation entsteht – zeitlich

Motivation ist ein Sammelbegriff für vielerlei psychische Prozesse und Effekte. begrenzt – aus dem Zusammenspiel zwischen Eigenschaften der Person, Zielen und Erfordernissen sowie den Anreizen, die bei Erreichung des Zieles winken, und der Situation. Stärke der Motivation und Ausdauer des Handelns sind nicht nur interindividuell unterschiedlich, sondern verändern sich von Zeitpunkt zu Zeitpunkt (Robbins, 2001). Motivation ist ein Sammelbegriff für „vielerlei psychische Prozesse und Effekte, deren gemeinsamer Kern darin besteht, dass ein Lebewesen sein Verhalten vor allem um der erwarteten Folgen willen auswählt und hinsichtlich Richtung und Energieaufwand steuert" (Heckhausen, 1989, S. 10). Dem Thema „Motivation" rechnet Heinz Heckhausen

- die Zielgerichtetheit des Verhaltens,
- den Beginn und Abschluss einer übergreifenden Verhaltenseinheit,
- ihre Wiederaufnahme nach Unterbrechung,
- den Wechsel zu einem neuen Verhaltensabschnitt und
- den Konflikt zwischen verschiedenen Verhaltenszielen und deren Realisierung zu.

Robbins (2001, S. 155) schreibt: „We'll define motivation as the processes that account for an individual's intensity, direction, and persistence of effort toward attaining a goal."

Generell wird Motivation auf jede Art von Handlungsziel bezogen; Stephen P. Robbins bezieht sich im vielfach aufgelegten Lehrbuch „Organizational Behavior" allerdings auf Ziele der Organisation. Implizit wird dabei angenommen, dass sich die persönlichen Ziele eines Mitarbeiters mit den betrieblichen Zielen überschneiden.

Greenberg und Baron (2000, S. 130) definieren Motivation „as the set of processes that arouse, direct, and maintain human behavior toward attaining some goal". Und ganz ähnlich schreiben Buchanan und Huczynski (1997, S. 68): "Motivation is the internal psychological process of initiating, energizing, directing, and maintaining goal-directed behavior." In einer überarbeiteten Version ihres Buches beziehen sich Huczynski und Buchanan (2001, S. 240) auf den Entscheidungsprozess: "Motivation is the cognitive decision-making process through which goal-directed behaviour is initiated, energized and directed and maintained."

Die meisten Definitionen beinhalten folgende Komponenten von Motivation: Aktivierung, Richtung und Ausdauer eines zielgerichteten Verhaltens.

- Unter Aktivierung (arousal) wird der (An-)Trieb beziehungsweise die Energie verstanden, die Handlungen auslöst.
- Die Richtung (direction) wird durch die persönliche Entscheidung darüber festgelegt, welches Ziel ausgewählt wird.
- Die Ausdauer (maintainance) des Verhaltens bezieht sich auf jene Faktoren, die dazu beitragen, dass ein Verhalten bis zur Erreichung eines Zieles durchgeführt wird.

Üblicherweise wird durch Introspektion und Verhaltensbeobachtung, durch die Analyse von Verhaltensergebnissen oder mittels physiologischer Messungen auf Motivation geschlossen. Zur Introspektion gehören Selbstbeobachtung und Protokollierung der eigenen Erlebnisphänomene. Verhaltensbeobachtung findet meist als Fremdbeobachtung statt. Dabei **Motivation wird durch Introspektion und Verhaltensbeobachtung gemessen.** wird von beobachtbarem Verhalten auf die nicht beobachtbare, zugrundeliegende Motivationsstruktur geschlossen. Kritisch ist dabei, dass ein Motiv unterschiedliche Verhaltensweisen evozieren kann und gleichartige Verhaltensweisen auf durchaus unterschiedliche Motive zurückgeführt werden können. Gegenstand der Analyse von Verhaltensergebnissen ist nicht das Verhalten selbst, sondern die konkrete Leistung (z. B. Arbeitsleistung oder Testergebnisse, sportliche Leistungen, künstlerische Ergebnisse). Physiologische Daten wie Messungen des Blutdruckes, der Herz- und Atemfrequenz oder der Pupillengröße werden zur Erfassung der Aktivierung und Ausdauer erhoben.

1.1   Intrinsische und extrinsische Motivation

Warum setzt eine Person eine bestimmte Handlung und investiert längerfristig Aufmerksamkeit und Energie in die Realisierung eines Ziels, das schwer zu erreichen ist? Zum einen können Gratifikationen winken, wenn ein Ziel erreicht wird, etwa eine finanzielle Belohnung, Lob und Anerkennung, Aussichten auf Beförderung oder einen Karrieresprung. Zum anderen kann das Ziel gar nicht so sehr das Ende der Handlung und Konsequenzen betreffen, sondern in der **Extrinsisch motiviertes Verhalten erfolgt, weil die Realisierung eines Handlungsziels gratifiziert wird.** Genugtuung liegen, die durch die Handlung selbst erlebt wird. Das Verhalten selbst ist Gratifikation und treibt zu weiteren Aktivitäten an; oder das Endprodukt, ein Bild, ein Musikstück, ein Textstück oder anderes ist an sich motivierend. Verhalten kann also „von außen her" – extrinsisch, oder „von innen her" – intrinsisch, motiviert sein.

Intrinsisches Verhalten erfolgt um seiner selbst willen oder aufgrund eng damit zusammenhängender Zielzustände und ist damit nicht bloßes Mittel zu einem andersartigen Zweck. Extrinsisch motiviertes Verhalten erfolgt, weil die Realisierung eines Handlungsziels gratifiziert wird, also das Handlungsziel eine gewünschte weitere Konsequenz mit sich zieht (Heckhausen, 1989). Während extrinsische Motivation durch die Belohnungen von Handlungen gegeben ist – ganz nach operantem Konditionierungsmodell, wonach jene Aktionen, die positive Folgen haben mit größerer Wahrscheinlichkeit wieder gesetzt werden als andere –, argumentiert Deci (1971), dass manche Aktionen an sich angenehm sind und die Motivation zur Handlung in der Handlung an sich liegt. Intrinsische Motivation resultiert aus der Ausführung der Handlung selbst.

Intrinsische Motivation resultiert aus der Ausführung der Handlung selbst.

Nach Heckhausen (1989, S. 456ff) unterscheidet sich intrinsische Motivation durch folgende Merkmale von extrinsischer Motivation:

- Triebe ohne Triebreduktion: Intrinsische Motivation dient nicht der Befriedigung leiblicher Bedürfnisse wie Hunger, Durst und Schmerzvermeidung. Intrinsische Motivation betrifft Triebe ohne Triebreduktion nach homeostatischem Modell. In erster Linie sind also Bedürfnisse nach Selbstentfaltung und persönlichem Wachstum gemeint.

- Zweckfreiheit: Das Verhalten wird um seiner selbst willen durchgeführt oder zur Erreichung von Zielen, die mit der Handlung thematisch gleich sind. Leistungshandeln ist dann intrinsisch motiviert, wenn das Endziel das angestrebte Leistungsergebnis ist und nicht Konsequenzen, die sich aus der erbrachten Leistung ergeben, oder wenn die Erfahrung der erfolgreichen Leistung das Gefühl der eigenen Tüchtigkeit gibt und dieses angestrebt wird. Spiel, Sport, künstlerische und wissenschaftliche Arbeiten sind meist intrinsisch motiviert.

- Optimalniveau von Aktivation und Inkongruenz: Intrinsische Motivation ist dann möglich, wenn ein „optimales Aktivationsniveau" erreicht wird, wenn ein mittleres Anregungspotential zwischen aufgenommener Information und einem Standard in Form eines Adaptionsniveaus oder einer Erwartung gegeben ist. Nach diesem Konzept halten sich Aktivation und die zu verarbeitende Informationskomplexität in etwa die Waage; kleine Diskrepanzen regen an, große Diskrepanzen zwischen Aktivation und Anregung haben negative Effekte.

- Selbstbestimmung: Wenn Menschen sich selbst für die Ausführung einer Handlung entscheiden können und die einzelnen Handlungsschritte selbst einteilen und kontrollieren können, also das Gefühl von Kompetenz, eigener Tüchtigkeit und Selbstbestimmung erleben, dann ist intrinsische Motivation möglich.

- Freudiges Aufgehen in einer Handlung: Die Tätigkeit bereitet der handelnden Person weder Angst vor Überforderung noch Langeweile durch Unterforderung, sondern Freude. Heckhausen (1989, S. 458) spricht von freudiger „Hingabe an die anliegende Sache", von völligem „Absorbiertwerden des Erlebens von der voranschreitenden Handlung".

Csikszentmihalyi (1975) ließ Schachspieler, Sportler, Chirurgen und Tänzer über ihre Tätigkeit erzählen und entdeckte den „Flow-Effekt". Csikszentmihalyi (1975) versteht darunter das völlige Aufgehen in einer Tätigkeit, wobei die Aufmerksamkeit ganz von der Tätigkeit angezogen wird und die eigene Person vergessen lässt. Beispiele für Personen mit häufigen Flow-Erlebnissen sind soge-

„Flow-Effekt" meint das völlige Aufgehen in einer Aufgabe.

nannte Computerfreaks, die erst am schmerzenden Rücken merken, dass sie bereits stundenlang am Computer zugebracht haben. Künstler können in ihrer Arbeit versinken und nehmen ihre Umwelt kaum wahr. Flow-Erlebnisse sind dann gegeben, wenn die Tätigkeit selbst zu ihrem eigenen Antrieb wird. Wenn Künstler ihr Werk erstellen und buchstäblich Tag und Nacht arbeiten könnten, sich ihrer Arbeit fanatisch hingeben und scheinbar mühelos arbeiten, wenn sie „eins mit der Situation" sind und die Handlungen „fließen", ohne dass sie sich selbst beobachten, dann sind sie im Zustand des Flow und handeln selbstvergessen. Nach Csikszentmihalyi entsteht optimales Erleben oder Flow dann, wenn eine subjektiv bedeutsame Tätigkeit als Herausforderung erlebt wird und die eigenen Fertigkeiten und Fähigkeiten der Herausforderung entsprechend erlebt werden. Es geht also um optimale Beanspruchung (Abbildung 1). Während der Arbeitszeit können Flow-Erlebnisse auftreten, wenn die Beanspruchung optimal ist. Als Konsequenz für die Arbeits- und Organisationspsychologie ergibt sich die Forderung nach psychologisch adäquater Arbeitsgestaltung.

Abb. 1   Flow-Modell nach Csikszentmihalyi (1975)

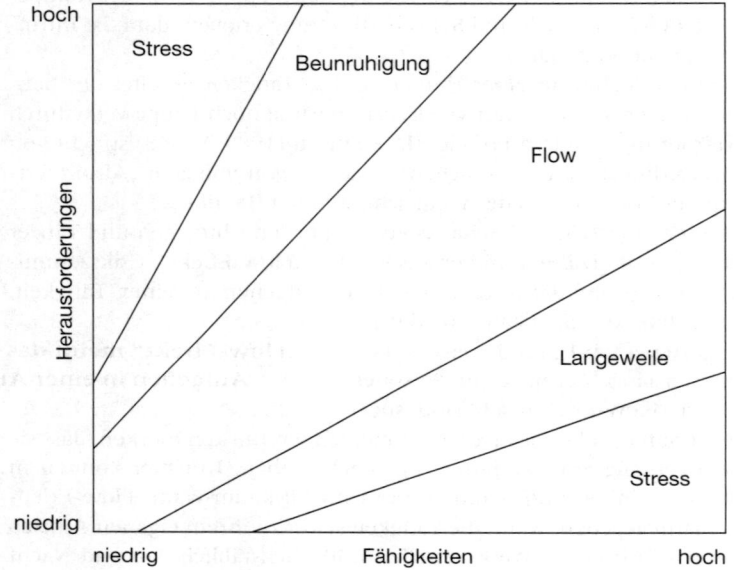

Wenn intrinsische Motivation zur Handlungsausführung antreibt und extrinsisch gesetzte Belohnungen ebenfalls motivierend wirken, dann könnte angenommen werden, dass sowohl intrinsische wie auch extrinsische Motivation doppelt stark wirken. Dies ist allerdings nicht der Fall. Im Gegenteil: Extrinsische Motivation scheint intrinsische zu vermindern. DeCharms (1968, zitiert nach Heckhausen, 1989) stellte zwei paradox erscheinende Thesen über die Wirkung, welche externe Belohnung auf intrinsische Motivation hat, auf: Zum einen kann externe Belohnung, die für etwas gegeben wird, das freiwillig getan wird, intrinsische Motivation korrumpieren. Zum anderen wird vermutet, dass die intrinsische Motivation für eine uninteressante Tätigkeit, die nicht belohnt wird, obwohl sie wegen einer in Aussicht gestellten Belohnung begonnen wurde, steigt. Diese Annahmen regten zu einer Reihe von Untersuchungen an, die beide Hypothesen unterstützen. Üblicherweise

Extrinsische Motivation scheint intrinsische zu vermindern.

wurden in Studien zur Prüfung der Hypothesen zwei oder drei Beobachtungsphasen realisiert: In einer ersten Phase wurde die spontane Beschäftigung mit einer Aufgabe von hoher Attraktivität beobachtet; in der zweiten wurden Belohnungen für die Tätigkeit in Aussicht gestellt und materiell, verbal oder symbolisch gegeben. Nach einiger Zeit wurden die Teilnehmer wieder beobachtet, während sie die ursprüngliche oder andere Tätigkeiten ausführen konnten. Erhoben wurden Dauer der Beschäftigung, Arbeitsfreude und andere Variablen.

Lepper, Greene und Nisbett (1973, zitiert nach Heckhausen, 1989) führten eine Studie in Kindergärten durch: Kinder, die ein besonders großes Interesse am Malen hatten, wurden in einen Raum geführt, in dem sie alleine malen konnten. Der Versuchsgruppe 1 wurde ein Preis (Fleißkärtchen) in Aussicht gestellt, während die anderen beiden Gruppen entweder eine unerwartete Belohnung (Versuchsgruppe 2) oder gar keine (Kontrollgruppe) erhielten. Nach einer Woche wurden die Kinder wieder beobachtet. Nun wurde festgestellt, dass sich jene Kinder, die eine vorher angekündigte Belohnung erhalten hatten, weniger der Malerei zuwandten als die Kinder der Kontrollgruppe und der Versuchsgruppe 2.

In einem Versuch von Calder und Staw (1975, zitiert nach Heckhausen, 1989) wurden Zusammensetzaufgaben in einer interessanten und einer langweiligen Version vorgelegt. Einmal wurden die Aufgaben mit und einmal ohne Bildillustrationen bearbeitet. Mit Bezahlung sank die Zufriedenheit mit der interessanten Aufgabe ab, während die Zufriedenheit mit der uninteressanten Aufgabe stark zunahm.

Es zeigt sich: Reizvolle Tätigkeiten verlieren durch Belohnungen oder Verhaltenszwänge an Attraktivität. Dies bestätigten auch Deci, Koestner und Ryan (1999) in einer Metaanalyse von 128 Studien. Dabei wirken materielle Belohnungen stärker als verbale und symbolische. Geldbelohnungen vermindern die Motivation dann, wenn die Aktivität von einer Person nicht mit Geld in Zusammenhang gebracht wird. Leistungskontingente Belohnung hat negativere Auswirkungen auf intrinsische Motivation als weniger leistungsbezogene Belohnung. Lob

> **Reizvolle Tätigkeiten verlieren durch Belohnungen oder Verhaltenszwänge an Attraktivität.**

scheint zwar bei Männern zu einer Steigerung der intrinsischen Motivation zu führen, nicht aber notwendigerweise bei Frauen. Tadel hingegen mindert bei beiden Geschlechtern die Attraktivität einer Aufgabe und die intrinsische Motivation. Durch Belohnungen, Kritik, Kontrolle oder Terminvorgaben kann intrinsische Motivation sinken. Allerdings muss zwischen informierenden und kontrollierenden Aspekten von Belohnungen und Rückmeldung unterschieden werden: Information ohne Einschränkung der Selbstbestimmung fördert intrinsische Motivation. Kontrolle scheint zu einer Orientierung an externen Belohnungen zu führen und erhöht die Wirkung extrinsischer Motivation.

1.2 Inhalts- und Prozesstheorien der Motivation

Wenn eine Person eine Handlung ausführt, liegt die Frage nahe, warum sie das tut. Die Frage, warum eine bestimmte Tätigkeit ausgeübt wird, zielt auf die Motive einer Person ab. Welche Motive kann eine Person haben, welche Bedürfnisse versucht eine Person zu befriedigen? Hunger oder Durst, Schutz vor Gefahren, Anerkennung und Lob, soziale Nähe, Macht und Einfluss oder die Erfahrung der eigenen Möglichkeiten und Grenzen können grundlegende Bedürfnisse sein, die Handlungsmotive definieren. Klärend sei erwähnt, dass ein Bedürfnis (need) als ein interner Mangelzustand verstanden werden kann, der Kognitionen und Verhalten insofern steuert, dass damit eine Bedürfnisbefriedigung erreichbar erscheint. Motive sind immer handlungsrelevante und zielbezogene Beweggründe (oder Handlungsantriebe). „Motive sind eingebettet in kognitive und emotionale Prozesse und von relativ überdauernden Einstellungen beziehungsweise Wertmaßstäben überlagert" (Fröhlich, 1993, S. 274).

Welche Bedürfnisse und Motive gibt es? Von der Wissenschaft wurden verschiedene Listen mit Bedürfnissen und Motiven erstellt. Theorien, die der Frage nachgehen, was und welche inhaltlichen Faktoren den Menschen zur Arbeit motivieren, werden als Inhaltstheorien der Motivation bezeichnet. Dazu zählen die Bedürfnispyramide von Maslow, die ERG-Theorie von Alderfer, die Zwei-Faktoren-Theorie von Herzberg und Mitarbeitern, die X-Y-Theorie von McGregor und die Arbeiten zur Leistungs-, Macht- und Affiliationsmotivation von McClelland.

Inhaltstheorien gehen den inhaltlichen Faktoren der Arbeitsmotivation nach.

Wenn eine Person eine Handlung ausführt, dann stellt sich aber nicht nur die Frage nach den Motiven, sondern auch danach, wie sie eine Handlungsalternative aus verschiedenen Möglichkeiten auswählt, wie sie sich ein Ziel setzt und welche Kräfte sie antreiben, bis zur Erreichung des Ziels durchzuhalten. Schließlich stellt sich auch die Frage, wie sie ein Handlungsergebnis bewertet, welche Ursachen sie für das Zustandekommen einer Leistung oder für ein Missgeschick verantwortlich macht und wie fair eine Person das Verhältnis zwischen Aufwand und Belohnung erlebt. Die Beschäftigung mit der

Regulation des Antriebs zu einer Tätigkeit hat zur Formulierung der Prozesstheorien der Motivation geführt.

Prozesstheorien fokussieren auf Entscheidungen, die Individuen unter Berücksichtigung ihrer Handlungen zu machen haben, und darauf wie die Handlungen angetrieben, gerichtet und beendet werden. Prozesstheorien wurden von Vroom (Valenz-Instrumentalitäts-Erwartungs-Theorie), Locke (Zielsetzungs-Theorie), Porter und Lawler (Motivationsmodell) und in besonders umfassender Weise von Heckhausen (Rubikon-Modell) formuliert.

Prozesstheorien stellen Antrieb, Richtung und Ausführung von Handlungen in den Mittelpunkt.

1.2.1 Überblick über Inhaltstheorien

Abraham Maslow (1954, siehe auch Robbins, 2001) postulierte eine Hierarchie von fünf Bedürfnisklassen. Diese Klassen beinhalten auf der unteren Ebene Defizitmotive, wie

- physiologische Grundbedürfnisse (Hunger, Durst, Sexualität, Schlaf, Schmerzfreiheit, etc.)
- Sicherheitsbedürfnisse (Stabilität, Geborgenheit, Schutz, Angstfreiheit, etc.)
- soziale Bedürfnisse nach Liebe, Freundschaft, Akzeptanz und Zugehörigkeit
- Bedürfnisse nach Wertschätzung, wie beispielsweise das „innere" Bedürfnis nach Selbstachtung, Autonomie und persönlicher Leistung, und „von anderen befriedigbare" Bedürfnisse nach Prestige, Status sowie Einfluss, Bestätigung und Beachtung.
- Schließlich wird als Wachstumsbedürfnis Selbstverwirklichung angeführt. Diese Kategorie umfasst Bedürfnisse nach persönlichem Wachstum sowie nach der Entfaltung der eigenen Möglichkeiten.

Nach Maslow lassen sich die Bedürfniskategorien in eine Rangordnung bringen. Die Aktivierung höherer Bedürfnisse hängt davon ab, ob rangniedrigere Bedürfnisse ausreichend befriedigt sind oder nicht. Die ersten vier Bedürfnisklassen werden deshalb „Defizitmotive" genannt, weil ihre Aktivierung einen Mangelzustand aufzeigt und Befriedigung zumindest vorübergehend zu Sättigung führt. Nach homeostatischem Modell führt Ungleichgewicht oder Mangel zur Bedürfnisaktivierung und Befriedigung wieder zu Gleichgewicht. Selbstentfaltung wird als „Wachstumsmotiv" bezeichnet, weil dieses Bedürfnis zu Persönlichkeitsentwicklung führt und eine Sättigung nicht eintreten kann.

Maslows Theorie wird wie manche andere Inhaltstheorie als nicht mehr zeitgemäß kritisiert. Die Schwächen liegen vor allem in der Abgrenzbarkeit und Operationalisierbarkeit der Bedürfnisse und in Schwierigkeit, die Annahmen empirisch zu prüfen. In mehreren Studien wurde wenig Unterstützung für die postulierte Hierarchie der Bedürfnisse gefunden (Weinert, 1998). Der große Verdienst Maslows war es aber, die Aufmerksamkeit auf das Bedürfnis nach Selbstverwirklichung zu lenken und damit auch in der Arbeitswelt auf Möglichkeiten der Persönlichkeitsentwicklung zu drängen.

Clayton Alderfer (1969, siehe auch Robbins, 2001) revidierte die Maslow'-sche Bedürfnispyramide und legte die Basis für empirische Prüfungen des Modells. Er postuliert *drei Gruppen von Kernbedürfnissen*:
- Existenzbedürfnisse (existence)
- Beziehungsbedürfnisse (relatedness)
- Wachstumsbedürfnisse (growth).

Unter Existenzbedürfnissen sind die grundlegenden Bedürfnisse enthalten, welche die materielle Existenz sichern. Diese Kategorie entspricht Maslows erster und zweiter Bedürfnisebene. Beziehungsbedürfnisse betreffen zwischenmenschliche Interaktion und damit verbundene Bedürfnisse wie Affiliation, Liebe, Zuneigung, Macht und Einfluss. Wachstumsbedürfnisse umfassen Bedürfnisse zur persönlichen Entwicklung. Hierzu gehören die Selbstverwirklichungsbedürfnisse von Maslow. Im Gegensatz zu Maslow geht Alderfer (1969) nicht von einem fixen hierarchischen Modell aus, bei dem erst die Bedürfnisse der unteren Ebene befriedigt sein müssen, damit Bedürfnisse auf den oberen Ebenen dominant werden können, sondern meint, dass gleichzeitig mehr als ein Bedürfnis aktiviert sein kann und je nach Kultur unterschiedliche Bedürfnispräferenzen zum Tragen kommen.

Frederick Herzberg und Mitarbeiter (1959) entwickelten die sogenannte *Zwei-Faktoren-Theorie*, deren Kernannahme besagt, dass Zufriedenheit und Unzufriedenheit mit der Arbeit von je zwei unterschiedlichen Faktorengruppen beeinflusst werden: Motivatoren (satisfiers) bewirken Zufriedenheit, während Hygienefaktoren (dissatisfiers) Unzufriedenheit auslösen können, aber nicht Zufriedenheit bewirken. Motivatoren hängen unmittelbar mit dem Inhalt der Arbeit zusammen und werden daher auch als „Kontentfaktoren" bezeichnet. Hygienefaktoren beziehen sich auf die Arbeitsumgebung und werden deshalb auch als „Kontextfaktoren" bezeichnet. Während Anerkennung, die Tätigkeit selbst, Verantwortung, Weiterentwicklungs- und Aufstiegsmöglichkeiten intrinsisch motivierend wirken und zu Zufriedenheit führen, aber nicht Unzufriedenheit auslösen, können Bezahlung, Führungsstil, Status, Arbeitsumgebung, Beziehungen zu Kollegen, Unternehmenspolitik bei Frustration zu Unzufriedenheit führen.

Die wichtigste Erkenntnis und gleichzeitig praktische Konsequenz aus der Theorie ist die Idee, dass Motivation mit der Möglichkeit zu persönlichem Wachstum verbunden ist und auf dem Bedürfnis ständiger Weiterentwicklung basiert. Menschen sind dann mit ihrer Arbeit zufrieden, wenn sie interessant und herausfordernd ist. Das Management kann also eigentlich die Mitarbeiter nicht motivieren, aber es kann eine Arbeitsumgebung und Arbeitsbedingungen schaffen, die es Arbeitenden erlaubt, sich selbst zu motivieren. Der eigentliche Wert der vielfach kritisierten Zwei-Faktoren-Theorie liegt darin, dass sie vor allem dazu beigetragen hat, die Arbeitsbedingungen und Arbeitsgestaltung in das Zentrum des Interesses der Organisationspsychologie zu rücken.

Douglas McGregor postulierte in seinem 1960 veröffentlichten Buch „The Human Side of Enterprise" zwei unterschiedliche „Bilder" des Menschen in Organisationen. Zum einen ist ein Großteil der Maßnahmen des Managements von Misstrauen und negativen Einstellungen gegenüber den Mitarbeitern geleitet. Laut *Theorie X* sind Mitarbeiter arbeitsunwillig und verantwortungsscheu, nur zur Arbeit zu zwingen oder durch externe Belohnungen zu motivieren. Im Gegensatz dazu werden Mitarbeiter nach der *Theorie Y* als arbeitswillig und entscheidungsfreudig angesehen, bereit Eigenverantwortung zu übernehmen, wenn sie sich Zielen verpflichtet fühlen. Nach dem Mechanismus der selbsterfüllenden Prophezeiung ist davon auszugehen, dass je nachdem, welcher Theorie Manager anhängen, die Mitarbeiter sich in der erwarteten Richtung verhalten, also entweder mit Verantwortungsscheu und Einstellung der Eigeninitiative oder mit Freude zur Übernahme von Verantwortung und erhöhter Arbeitsmotivation reagieren. McGregors Verdienst liegt darin, Vorurteile und ihre Wirkung aufgezeigt zu haben und mit seiner Motivationstheorie Manager zur Reflexion der eigenen „Menschenbilder" zu veranlassen und zur Überzeugung führen zu können, dass die Mitarbeiter dann mehr zum Erfolg einer Organisation beitragen, wenn sie als verantwortungsvolle und wertvolle Mitarbeiter behandelt werden (siehe auch Robbins, 2001).

David McClelland (1971; zitiert in Heckhausen, 1989) hat sich über zwanzig Jahre mit seinen Mitarbeitern an der Harvard Universität vor allem mit Macht-, Affiliations- und Leistungsmotivation befasst. Um das Profil ihrer eigenen Motive herauszufinden können Sie den Fragebogen (Fragebogen 1) beantworten (übersetzt aus Robbins, 1998, S. 198).

Macht-, Affiliations- und Leistungsmotivation sind die zentralen Punkte der Forschungen McClellands.

Fragebogen 1   Beispiel für einen Motivationsfragebogen zur Messung von Macht-, Affiliations- und Leistungsmotivation (nach Robbins, 1998, S. 198)

Denken Sie an Ihre Arbeitssituation und geben Sie an, ob die folgenden Feststellungen für Sie zutreffen oder nicht.

	stimmt nicht				stimmt
1. Ich bemühe mich sehr, meine Arbeitsleistung ständig zu verbessern.	1	2	3	4	5
2. Ich liebe den Wettbewerb und den Sieg.	1	2	3	4	5
3. Ich spreche oft mit Personen über andere Themen als über meine Arbeit	1	2	3	4	5
4. Ich liebe schwierige Herausforderungen.	1	2	3	4	5
5. Ich trage gerne Verantwortung.	1	2	3	4	5
6. Es ist für mich wichtig, dass mich andere Personen mögen.	1	2	3	4	5
7. Wenn ich eine Aufgabe erledige, möchte ich Rückmeldung über meinen Arbeitsfortschritt erhalten	1	2	3	4	5
8. Ich stelle Personen, die Dinge unternehmen, die ich nicht akzeptiere, zur Rede	1	2	3	4	5
9. Ich neige dazu, mit meinen Kollegen und Kolleginnen enge Beziehungen aufzubauen	1	2	3	4	5
10. Ich setze mir gerne realistische Ziele, die ich auch erreichen kann.	1	2	3	4	5
11. Ich übe gerne Einfluss auf andere Menschen aus, um das zu bekommen, was ich möchte.	1	2	3	4	5
12. Ich gehöre gerne einer Gruppe oder Organisation an.	1	2	3	4	5
13. Wenn es mir gelingt, schwierige Aufgaben zu lösen, erlebe ich Genugtuung und Zufriedenheit.	1	2	3	4	5
14. Ich versuche häufig, mehr Kontrolle über die Ereignisse rund um mich zu bekommen.	1	2	3	4	5
15. Ich arbeite lieber mit anderen Personen als alleine.	1	2	3	4	5

Um festzustellen, welche Motive Ihnen besonders wichtig sind, schreiben Sie die angekreuzten Antworten (Ziffern) neben die unten angeführten Itemzahlen. Berechnen Sie anschließend die Spaltensummen und Sie erhalten ein Profil Ihrer Motive.

Leistung		Macht		Affiliation	
Item	Antwort	Item	Antwort	Item	Antwort
1.		2.		3.	
4.		5.		6.	
7.		8.		9.	
10.		11.		12.	
13.		14.		15.	
Summe					

Die Definition von Leistungsmotivation

McClelland schenkte der Leistungsmotivation besondere Aufmerksamkeit. Leistungsmotivation wird als Bestreben definiert, die eigene Tüchtigkeit in allen jenen Tätigkeitsbereichen zu steigern oder möglichst hoch zu halten, in denen ein Gütemaßstab für verbindlich gehalten wird und deren Ausführung gelingen oder misslingen kann (von Rosenstiel, 2000). Nach dem Affekt-Erregungs-Modell von McClelland, Atkinson, Clark und Lowell (1953) werden Motive durch emotionale Erfahrungen und die situativen Bedingungen, in denen solche gemacht werden, erlernt. Das Erleben von Erfolg ist mit dem Gefühl des Stolzes, das Erleben von Misserfolg hingegen mit Scham verknüpft. Diese Gefühle werden gedanklich mit der Wahrnehmung wichtiger Merkmale (cues) oder Situationen, in denen sie auftreten, assoziiert. In späteren Situationen können bestimmte Hinweisreize dieselben affektiven Zustände (Stolz oder Scham) hervorrufen wie in der Vergangenheit. Je nach Gefühl entwickelt ein Individuum zuwendende oder vermeidende Handlungstendenzen.

McClelland und Atkinson entdeckten in ihren Studien zur Leistungsmotivation die verschiedenen Motivtendenzen „Hoffnung auf Erfolg" und „Furcht vor Misserfolg". Zur Messung der Leistungsmotivation wurde der Thematische Apperzeptionstest (TAT) verwendet. In den 30er Jahren entwickelte Henry Murray diesen projektiven Test, in dem Untersu-

Innerhalb der Leistungsmotivation gibt es die beiden Motivtendenzen „Hoffnung auf Erfolg" und „Furcht vor Misserfolg".

chungsteilnehmer aufgefordert werden, zu mehreren Bildern mit unterschiedlicher Thematik eine Geschichte zu erzählen. In Versuchen zeigte sich, dass Personen, die Hunger hatten, häufiger nahrungsbezogene Inhalte erzählten. Zur Messung der Leistungsmotivation werden Bilder vorgelegt, die leistungsbezogene Themen nahe legen. Das folgende Bild zeigt ein Beispiel, wie es etwa im TAT verwendet werden könnte.

Die Geschichten der Personen werden inhaltlich kategorisiert und je nachdem, welche Inhalte genannt werden, wird gefolgert, eine Person sei leistungsmotiviert, erfolgsorientiert oder fürchte Misserfolge. Nach Heckhausen (1989) können die Beschreibungen der Bilder folgenden Inhaltskategorien zugeordnet werden. Für „Hoffnung auf Erfolg" sprechen Inhalte wie:

- Bedürfnis nach Leistung und Erfolg (z. B. wird erzählt, dass die Person auf dem Bild zu einer wichtigen beruflichen Besprechung eilt)
- instrumentelle Tätigkeit zur Zielerreichung (z. B. wird erzählt, die dargestellte Person trage wichtige Arbeitsunterlagen)
- Erfolgserwartung (z. B. die befragte Person berichtet, die dargestellte Figur sei sich sicher, dass ihre Arbeit erfolgreich sein wird)
- Lob infolge guter Leistung (z. B. wird erzählt, die dargestellt Person sei gerade für eine fertiggestellte Arbeit gelobt worden)
- positiver Gefühlszustand (die befragte Person erzählt z. B., die dargestellte Figur habe Spaß an der Arbeit und fühle sich kompetent)
- Erfolgsthema (alle Geschichten mit weiteren erfolgsgerichteten Inhalten werden als Erfolgsorientierung kodiert)

Folgende Inhalte sprechen für „Furcht vor Misserfolg":

- Bedürfnis nach Misserfolgsmeidung (z. B. erzählt die befragte Person von einem Arbeitstätigen der hofft, dass er nicht zu spät zu einer Besprechung kommt)
- instrumentelle Tätigkeit zur Vermeidung eines Misserfolges (z. B. die Person – so wird erzählt – muss sich beeilen, um einen überfälligen Termin einzuhalten)
- Misserfolgsungewissheit oder Erfolgsungewissheit (z. B. wird berichtet, eine Person denke, wenn ihr diesmal eine Arbeit nicht gelingt, wäre sie blamiert)
- Kritik und Tadel (eine Testperson erzählt z. B. davon, dass die dargestellte Figur sich mehr anstrengen muss, wenn ihr Arbeitsvertrag verlängert werden soll)
- negative Gefühle (z. B. wird vermutet, dass die dargestellte Person zerknirscht von einem Gespräch zurückkommt)
- Misserfolg (z. B. wird erzählt, die dargestellte Person habe ein Projekt nicht zeitgerecht fertiggestellt)
- Misserfolgsthema (alle Geschichten mit weiteren misserfolgsgerichteten Inhalten werden als Misserfolgsorientierung kodiert)

Das Verhältnis der Anzahl der Aussagen über Hoffnung auf Erfolg und Furcht vor Misserfolg ergibt die Motivorientierung der Person.

Das Konzept von McClelland kann mit der Zwei-Faktoren-Theorie von Herzberg in Beziehung gesetzt werden. Personen mit hohem Leistungsmotiv zeigen mehr Interesse an Motivatoren, das heißt an der Arbeit selbst. Sie möchten Feedback darüber erhalten, ob sie ihre Arbeit gut machen. Personen mit niedrigem Leistungsmotiv sind mehr an Umweltfaktoren, also Hygienefaktoren, interessiert. Sie wollen eher darüber Bescheid wissen, was andere über sie denken, als darüber, ob sie ihre Arbeit gut erledigen.

Zusammenfassend zeigen die Studien von McClelland, dass sich Personen mit hoher Leistungsmotivation durch bestimmte Merkmale auszeichnen: Sie besitzen die Fähigkeit, sich hohe (fordernde), jedoch erreichbare Ziele zu setzen; persönliche Leistung ist ihnen wichtiger als die Belohnung von Erfolg; auch das Bedürfnis nach arbeitsrelevanter Rückmeldung, wie gut die Arbeit ist, ist wichtiger als die persönliche Rückmeldung, wie sehr sie gemocht werden.

Hohe Leistungsmotivation korreliert nicht nur mit hohen individuellen Leistungsergebnissen. Je nach Leistungsmotivations-Index einer Nation werden unterschiedliche Wirtschaftsdaten (z. B. Wirtschaftswachstum) erwartet. DeCharms und Moeller (1962) stellten fest, dass die Patentanmeldungen in den USA von 1800 bis 1950 und die mittlere Häufigkeit von leistungsbezogenen Themen in Lesebüchern hoch positiv korreliert sind (Abbildung 2).

Abb. 2   Patentanmeldungen pro 1 Million Einwohner und durchschnittliche Häufigkeit leistungsthematischer Inhalte in Lesebüchern (DeCharms und Moeller, 1962, S. 139; zitiert in Heckhausen, 1989, S. 247)

Wesentlich für die praktische Anwendung ist, dass das Leistungsmotiv trainiert werden kann. Bestehende emotionale Assoziationen können von leistungsthematischen Situationen ausgebaut, begrifflich bewusst gemacht, mit alltäglichen Gegebenheiten des Berufslebens verbunden und die neuen, leistungsthematischen Assoziationen mit übergeordneten kulturellen Werten in Beziehung gebracht werden.

Das Leistungsmotiv kann für die praktische Anwendung trainiert werden.

Leistungsorientierte Mitarbeiter sind für jede Organisation äußerst wichtig. Oft werden sie aufgrund ihrer Leistung in Führungspositionen befördert, haben dann aber Schwierigkeiten in der Mitarbeiterführung. Warum? Ihre Leistung ist dann auch von anderen Personen abhängig und sie erwarten Höchstleistungen auch von den Mitarbeitern. Manchmal fehlt diesen Personen dann die nötige Geduld für Mitarbeiter, die zwar kompetent sind, jedoch ein höheres Affiliationsbedürfnis haben. Werden in solchen Fällen ausschließlich Arbeitsziele betont, führt dies zur Frustration der Mitarbeiter und diese werden ihr eigenes Potential nicht maximal entfalten. Leistungsorientierte Mitarbeiter sollten daher besonders zu Trainings sozialer Skills eingeladen werden, um gute Managementqualitäten zu entwickeln.

1.2.2 Praktische Anwendungen der Inhaltstheorien

Die Theorien und Forschungsergebnisse zu den Motivinhalten haben in der Wirtschaft ein Umdenken bewirkt, welches zu praktischen Konsequenzen führte. Die angeführten Instrumente in der Betriebsführung wurden mit dem Ziel entwickelt, Arbeitstätigkeiten interessanter zu gestalten, dadurch die Zufriedenheit und Motivation der Mitarbeiter zu erhöhen und die Produktivität zu steigern.

1.2.2.1 Mitarbeiter-Partizipations-Programme

Mitarbeiter-Partizipations-Programme oder „Employee involvement programs" sollen das Commitment der Mitarbeiter fördern, indem sie den Handlungsspielraum erweitern, mehr Kontrolle über die eigene Arbeit geben und damit das Gefühl am Erfolg des Unternehmens beteiligt zu sein, erhöhen. Die Einbeziehung der Mitarbeiter kann entweder formell versus informell (ob offizielle Regelungen vorhanden sind oder nicht), direkt versus indirekt (direkte Teilnahme oder über Repräsentanten), lang-

„Employee involvement programs" sollen das Commitment der Mitarbeiter fördern.

versus kurzfristig oder durch mehr oder weniger Einfluss (Teilnahme an Diskussionen, Teilnahme an Entscheidungen) charakterisiert sein. Folgende Kombinationsformen sind in der Praxis häufig anzutreffen (Dretz, Thierry und de Wolff, 1998):

*   Partizipation bei Entscheidungen über die Arbeit selbst (formell, direkt und langfristig mit viel Einfluß seitens der Mitarbeiter; z. B. autonome Arbeitsgruppen).
*   Beratende Partizipation (formell, direkt und langfristig mit wenig Einfluss, z. B. Qualitätszirkel).
*   Projektbezogene Partizipation (formell, direkt, arbeitsorientiert mit viel Einfluss und kurzer Dauer).
*   Informelle Partizipation (informell, direkt, viel Einfluss).
*   Mitarbeiter als Miteigentümer (formell, indirekt, vielfältig mit prinzipiell viel Einfluss).
*   Partizipation über Repräsentanten (formell, indirekt, mit mittelmäßig bis wenig Einfluß; z. B. Gewerkschaften).

Partizipatives Management, „Empowerment" und die Einbindung von Mitarbeitern in Entscheidungsprozesse setzt aber zeitliche Ressourcen, Fähigkeiten (z. B. Wissen und Intelligenz) und eine diese Prozesse unterstützende Unternehmenskultur voraus.

Gründe für Unternehmen, Mitarbeiter in Entscheidungen einzubinden und damit auch Entscheidungsmacht zu teilen, sind nach Robbins (2001) auf folgende Punkte zurückzuführen:

*   Die Aufgabenbereiche werden immer komplexer. Viele Manager wissen nicht mehr exakt über die vielfältigen Aufgaben ihrer Mitarbeiter Bescheid. Sie müssen daher die Experten des jeweiligen Aufgabenbereiches an Entscheidungen teilhaben lassen.
*   Aufgaben werden häufiger in Kooperation mit anderen Abteilungen und Gruppen bearbeitet. Gemeinsame Teambesprechungen sind erforderlich, um Strategien, Arbeitsverläufe und Vorgangsweisen zu besprechen, die alle betreffen. Die Beteiligung an Entscheidungen erhöht zusätzlich das Commitment für Ziele und Aufgaben.
*   Intrinsische Motivation kann durch Partizipation gesteigert werden, da durch mehr Autonomie und Verantwortung, Transparenz und Rückmeldung, die Arbeit interessanter und bedeutender wird.

Bei der praktischen Umsetzbarkeit von Mitarbeiterbeteiligungsmaßnahmen stellen sich Manager aber auch die Frage, welche Mitarbeiter durch einen partizipativen Managementstil motivierbar sind. Im folgenden Überblick wird die Meinung eines amerikanischen Managers wiedergegeben.

If this description fits an employee, use a more participative style.

- The employee seeks to fulfill many of his or her ego and psychological needs through expression at work.
- The employee has the necessary intelligence, education and experience to take on additional responsibilities.
- The employee is interested in having more of a say in matters that affect him or her on the job and wants to participate in decision-making with management.
- The employee does not feel anxious, uncomfortable, or insecure when faced with relatively unstructured and ill-defined work situations.
- The employee is sufficiently self-reliant and self-confident to not need close and supportive supervision from his or her supervisor.
- The employee identifies with the goals and objectives of the organization.

(Quelle: Erwin Stanton, President, E.S. Stanton & Associates
Personnel Journal (now Workforce), March 1983)

Auf Organisationsebene sind Beispiele für Mitarbeiterbeteiligungsmöglichkeiten etwa gewählte Betriebsräte, durch die Mitarbeiter indirekt Mitspracherecht an wichtigen Entscheidungen haben. Qualitätszirkel und die in letzter Zeit häufiger werdende Aktienbeteiligung von Mitarbeitern sind weitere Möglichkeiten, Mitarbeiter miteinzubeziehen:

(a) Qualitätszirkel: Qualitätszirkel waren in den 1980er Jahren in Europa und Nordamerika sowie in Japan weit verbreitet. Es handelt sich dabei um Arbeitsgruppen von acht bis zehn Mitarbeitern, die entweder aus demselben Arbeitsbereich oder aus miteinander in Beziehung stehenden Bereichen kommen. Üblicherweise findet einmal in der Woche ein Treffen statt, bei dem Probleme identifiziert, analysiert und Vorgangsweisen für Lösungen diskutiert werden. Die Gruppe ist für die Lösung von Qualitätsproblemen selbst zuständig. Außerdem werden die eigenen Handlungen reflektiert und eventuell korrigiert. Das Management entscheidet aber darüber, ob die vorgeschlagenen Lösungen eingesetzt werden. Das Konzept des Qualitätszirkels beinhaltet auch die Schulung der Mitarbeiter in Bereichen wie Kommunikation, Problemanalyse und Qualitätsmanagement.

Qualitätszirkel tragen laut zahlreicher Studien zur Steigerung der Produktivität bei, haben aber nur geringe Auswirkun-

Qualitätszirkel tragen zur Steigerung der Produktivität bei, haben aber nur geringe Auswirkungen auf die Mitarbeiterzufriedenheit.

gen auf die Mitarbeiterzufriedenheit. Viele Programme wurden wegen mangelndem Erfolg wieder eingestellt. Als ein Grund für Misserfolge wurde angeführt, die Betriebsführung sei nicht vollständig von den Vorteilen überzeugt gewesen und habe die Zirkel und kreierten Ideen nur halbherzig ein- beziehungsweise umgesetzt und kaum die notwendigen Veränderungen zur Etablierung von Qualitätszirkel durchgeführt.

(b) Aktienbeteiligung der Mitarbeiter oder Employee stock ownership plans (ESOP): Unter dem Begriff „ESOP" sind eine Reihe von Methoden zusammengefasst, bei denen Mitarbeiter Aktien der eigenen Firma erwerben können.

Die Aktienbeteiligung von Mitarbeitern führt zu höherer Arbeitszufriedenheit, Motivation und Produktivität. Üblicherweise werden die Aktien treuhändisch für die Mitarbeiter verwaltet und solange die Mitarbeiter im Unternehmen tätig sind, können sie über ihre Aktien nicht direkt verfügen oder sie verkaufen. Die Aktienbeteiligung von Mitarbeitern führt nicht nur zu höherer Arbeitszufriedenheit und Motivation, sondern auch zu höherer Produktivität. Positive Effekte sind dann zu erwarten, wenn die Mitarbeiter neben der Teilhaberschaft auch in betriebliche Entscheidungen eingebunden sind.

1.2.2.2 Arbeitsgestaltung durch Erweiterung des Handlungsspielraumes

Die Beschäftigung mit Bedürfnisinhalten hat in der Arbeits- und Organisationspsychologie zur Erkenntnis geführt, dass Arbeit nicht nur dazu dient, Geld zu verdienen, sondern soziale Bedürfnisse, Bedürfnisse nach Anerkennung, Einfluss und Selbstentfaltung befriedigt werden müssen. Die Gestaltung der Arbeit nach tayloristischen Prinzipien (jede Tätigkeit wird in kleine Handlungsschritte zerlegt und Mitarbeiter „erlernen" eine Tätigkeit und führen nur diese aus) hat diesen Notwendigkeiten nicht Rechnung getragen. Deshalb wurden erweiterte Handlungsspielräume und „psychologisch angereicherte" Tätigkeiten reklamiert. „Job enlargement", „job rotation" und „job enrichment" werden als Gestaltungsformen proklamiert.

(a) Job enlargement meint die Erweiterung des Aufgabenbereichs, ohne dass den Mitarbeitern mehr Verantwortung übertragen wird. Dies stellt einen der ersten modernen Ansätze zur Neugestaltung von Arbeitstätigkeiten dar. Anstelle einer Routinetätigkeit werden größere Tätigkeitseinheiten von einer Person verrichtet. Campion und McClelland (1993, zitiert nach Greenberg und Baron, 2000) untersuchten die Effektivität von job enlargement in einem großen Finanzdienstleistungsunternehmen. Vor der Aufgabenerweiterung verrichteten verschiedene Mitarbeiter getrennt voneinander Papierarbeiten, wie etwa Dokumente vorbereiten, sortieren oder kodieren. Diese verschiedenen Tätigkeiten wurden nach der Aufgabenerweiterung zusammengelegt und von einem Mitarbeiter selbständig durchgeführt. Es war schwierig und teuer, die Mitarbeiter einzuschulen, aber die Veränderung wirkte sich positiv auf die Zufriedenheit der Belegschaft aus. Fehler im Gesamtablauf konnten rechtzeitig erkannt und korrigiert werden. Dies führte unter anderem auch zu einer höheren Kundenzufriedenheit. Allerdings konnten diese positiven Effekte in einer späteren Nachfolgeuntersuchung im selben Unternehmen nicht mehr nachgewiesen werden. Die Fehleranzahl erhöhte sich wieder und die Motivation der Mitarbeiter sank. Die positiven Effekte waren wahrscheinlich deshalb von kurzer Dauer, weil auch die erweiterte Arbeit zur Routine geworden war. Job enlargement dürfte sich zwar positiv auf die Arbeitsleistung auswirken, der Effekt scheint aber flüchtig zu sein.

> **Job enlargement meint die Erweiterung des Aufgabenbereichs, ohne dass den Mitarbeitern mehr Verantwortung übertragen wird.**

(b) Die Mitarbeiter wechseln auf „horizontaler" Ebene ihren Arbeitsbereich. Diese Gestaltungsform hat besondere Vorteile für die Mitarbeiter und das Unternehmen. Mitarbeiter, die in verschiedenen Abteilungen gearbeitet haben, sammeln Erfahrungen, verbessern ihre Qualifikation und haben Chancen, ihre Fertigkeiten weiter zu entwickeln. Außerdem haben Personen, die an einem Rotationsprogramm teilnehmen, höhere Chancen, befördert zu werden und höhere Löhne zu verhandeln. Das Unternehmen profitiert von höher qualifizierten Mitarbeitern, die abteilungsübergreifend denken und handeln und in der Folge zu einer Optimierung der Arbeitsvorgänge beitragen können. Probleme der job rotation liegen in der Schwierigkeit der Realisierung und der mangelnden Flexibilität von Mitarbeitern.

> **Job rotation meint den Wechsel des Arbeitsplatzes innerhalb des Betriebes.**

(c) Unter job enrichment wird nicht nur der Aufgabenbereich der einzelnen Mitarbeiter erweitert, es werden ihnen auch vollständigere und verantwortungsvollere Aufgaben übertragen und sie erhalten zusätzlich auch Kontrolle darüber, wie sie ihre Arbeit ausführen. Während job enlargement und job rotation als horizontale Gestaltungsprogramme gesehen werden, wird job enrichment als vertikale Veränderung beschrieben. Eines der bestuntersuchten Programme zur Einführung von job enrichment war jenes des schwedischen Autoherstellers Volvo, das in teilauto-

Job enrichment meint die Erweiterung des Aufgabenbereichs und der Eigenverantwortung der Mitarbeiter.

nomen Arbeitsgruppen realisiert wurde. Vor der Umstellung wurden Autos von 25 Gruppen zu je etwa 20 Arbeitern hergestellt, wobei jeder Mitarbeiter für einen Bereich des Produktes zuständig war. Die Arbeitsgruppen wurden neu gebildet und konnten ihre Arbeit frei planen, organisieren und kontrollieren. Das Programm war ein voller Erfolg, die Zufriedenheit der Mitarbeiter stieg deutlich an. Außerdem konnte eine Reduktion der Fehlzeiten festgestellt werden. Obwohl diese Methode nachweislich auch in anderen Firmen erfolgreich eingesetzt wurde, konnte sie sich in der Praxis nur begrenzt durchsetzen.

Ein großer Nachteil des job enrichment ist die Schwierigkeit der Realisierung in einem Unternehmen. Die Umstrukturierung der Arbeitsvorgänge kann umständlich und kostspielig sein. Hinzu kommt, dass es bei bestimmten technischen Aufgaben unpraktisch ist, Tätigkeiten komplexer zu gestalten. Ein weiteres Problem ist die mangelnde Akzeptanz unter den Mitarbeitern. Obwohl viele Arbeiter das Konzept gutheißen und davon profitieren, gibt es doch Menschen, welche die Vorteile von Verantwortung nicht sehen. Personen mit einer geringen Leistungsmotivation werden an „angereicherten" Arbeitsplätzen eher frustriert als motiviert. Ähnlich ergeht es jenen Personen, die sich an eine bestimmte Arbeitsweise gewöhnt haben und keine Veränderungen wollen. Personen mit höherem Affiliationsbedürfnis dürften die Arbeit in Gruppen als besonders anregend erleben.

Richard Hackman und Greg Oldham (1980, zitiert nach Greenberg und Baron, 2000) gingen der Frage nach, was eine „gute" Arbeit ausmacht. Sie versuchen in ihrem „Job-characteristics-model" Möglichkeiten der Arbeitsgestaltung aufzuzeigen, um den Anreiz der Arbeit im Betrieb für Arbeitnehmer zu erhöhen. Nach der Motivationspotential-Formel (Formel 1) kann Arbeit so gestaltet werden, dass sie positiv auf die psychische Befindlichkeit und Arbeitsleistung wirkt. Unter dem Motivationspotential der Tätigkeit versteht man das Ausmaß der Motivation, die Mitarbeiter aus ihrer Arbeit schöpfen können. Die Formel beinhaltet fünf „Kernvariablen":

Die Motivationspotentialformel innerhalb des „Job-characteristics-model" ergründet, was eine „gute" Arbeit ausmacht.

(a) *Variabilität* beschreibt den Grad, zu dem eine Tätigkeit die Ausübung unterschiedlicher Fertigkeiten, Fähigkeiten oder Talente erfordert. Diese Tätigkeiten müssen nicht nur unterschiedlich, sondern verschieden genug sein, so dass unterschiedliche Fähigkeiten und Fertigkeiten für die Ausführung notwendig sind.

(b) *Ganzheitlichkeit* definiert das Ausmaß, zu dem eine Tätigkeit die Fertigstellung eines ganzen, identifizierbaren Teils einer Arbeit erfordert.

(c) *Bedeutung* bezieht sich auf die Wichtigkeit einer Tätigkeit und den Grad, zu dem eine Tätigkeit auch für das Leben anderer Personen, die unmittelbare Organisation und die Umwelt bedeutsam ist.

(d) *Autonomie* ist das Ausmaß, zu dem sich ein Arbeitnehmer die Zeit für die Erledigung der Arbeit frei einteilen kann und zu dem er bestimmen kann, welche Vorgangsweise er dafür wählen möchte.

(e) *Rückmeldung* ist der Grad, zu welchem eine Person Informationen über die Effektivität der eigenen Leistung erhält. Diese bezieht sich nicht nur auf die Rückmeldung eines Vorgesetzten, sondern auch auf die Möglichkeit, die Arbeitsergebnisse selbst beobachten zu können.

Diese Variablen determinieren drei „kritische psychische Zustände", welche sich auf die intrinsische Motivation auswirken (Abbildung 3).

Formel 1 Motivationspotential

$$\text{Motivationspotential} = \frac{\text{Vielseitigkeit} + \text{Ganzheitlichkeit} + \text{Bedeutung}}{3} * \text{Rückmeldung} * \text{Autonomie}$$

Das „Job-characteristics-model" wurde in zahlreichen Studien überprüft und weitgehend bestätigt (siehe Greenberg und Baron, 2000). Arbeiten, die nach den Vorgaben des Modells neu gestaltet wurden, führten bei den Mitarbeitern zu einer höheren intrinsischen Motivation und Zufriedenheit. Außerdem nahmen Fehlstunden und die Fluktuationsrate in Organisationen ab. Auf die Arbeitsleistung der Mitarbeiter hatten die Maßnahmen keinen nachweisbaren Effekt.

Besondere Aufmerksamkeit muss der Wirkung von Rückmeldung zukommen: Wie Kluger und DeNisi (1996) in einer Metaanalyse feststellen, ist die Wirkung der Rückmeldung nicht eindeutig positiv. Bezüglich der Rückmeldung von Fehlern oder von guten Ausführungsschritten und bezüglich der Erfolgs- und Misserfolgsorientierung dürften individuelle Unterschiede zwischen Mitarbeitern existieren.

Abb. 3   Job-characteristics-model von Hackman und Oldham (1980)

Aufgabenmerkmale	Psychologische Erlebniszustände	Auswirkungen der Arbeit
Anforderungsvielfalt		Hohe intrinsische Motivation
Ganzheitlichkeit der Aufgabe	Erlebte Bedeutsamkeit der eigenen Arbeitstätigkeit	
Bedeutsamkeit der Aufgabe		Hohe Qualität der Arbeitsleistung
Autonomie	Erlebte Verantwortung für die Ergebnisse der eigenen Arbeitstätigkeit	Hohe Arbeitszufriedenheit
Rückmeldung aus der Aufgabenerfüllung	Wissen über die aktuellen Resultate, vor allem die Qualität der eigenen Arbeit	Niedrige Abwesenheit und Fluktuation
	Bedürfnis nach persönlicher Entfaltung	

Der praktische Nutzen dieser Formel des Motivationspotentials liegt in der Möglichkeit, Problemfelder für eine bestimmte Tätigkeit aufzuspüren. Dies eröffnet dann die Möglichkeit für Redesigns der Arbeit mit dem Ziel, Mängel in einer oder mehreren der fünf kritischen Komponenten zu beseitigen. Die multiplikativen Komponenten implizieren, dass „Rückmeldung" und „Autonomie" die wichtigsten Ansatzpunkte der Arbeitsgestaltung sein müssen.

2 Prozesstheorien der Motivation

Die Prozesstheorien der Motivation befassen sich mit der Auswahl einer Handlungsalternative, der Durchführung und der Bewertung des Ergebnisses. Das derzeit wohl kompletteste Modell zur Motivation wurde von Heckhausen (1989) formuliert und als Rubikon-Modell bezeichnet. Im Folgenden wird dieses Modell basierend auf der Darstellung von Nerdinger (1995) wiedergegeben.

Das Rubikon-Modell ist das kompletteste Modell der Prozesstheorien.

„Rubico, kleiner italienischer Fluss zwischen Bologna und Rimini. In der Antike Grenzfluss zwischen Italien und der römischen Provinz Gallia cisalpina (Poebene), mit dessen Überschreiten Cäsar 49 vor Christus den Bürgerkrieg gegen Pompejus eröffnete. Deshalb bedeutet ‚den Rubikon überschreiten', eine wichtige Entscheidung getroffen zu haben."

(Neues Lexikon in Farbe, 1978; S. 534).

Nach Heckhausen kann der Handlungsantriebsverlauf beziehungsweise der Handlungsverlauf in vier Segmente der Motivation und Volition geteilt werden. Volition kann als Wille zur Überwindung von Handlungsbarrieren gesehen werden. In diesem Phasenmodell (Abbildung 4), das im Folgenden als Rahmen für die Diskussion weiterer Motivationstheorien herangezogen wird, ist zu zwischen vier Phasen zu unterscheiden:

(a) Motivation in der *prädezisionalen Phase* ist durch das Wählen charakterisiert. Diese Phase ist durch Wünschen und Abwägen gekennzeichnet. Motive wirken als sprudelnde Quelle der Wunschproduktion. Weil nicht alle Wünsche realisiert werden können, muss eine Auswahl getroffen werden. Weil Menschen hedonistisch sind, sind sie bestrebt, das zu tun, was ihren Nutzen (ihre Ziele) zu maximieren verspricht. Nach entsprechendem Abwägen wird eine Handlungsalternative ausgewählt und damit eine Tendenz zur Handlung begründet. Dieser Phase können die Erwartungs-mal-Wert-Theorien, das Modell der Risikowahl und die V-I-E-Theorie zugeordnet werden, die im Folgenden ausführlich diskutiert werden.

(b) Volition in der *präaktionalen Phase* ist durch Zielsetzung charakterisiert. Nachdem ein Ziel ausgewählt wurde, wird die Intention gebildet, dieses auch zu erreichen. Das Ziel und dessen Realisierung wird gewollt. Die Handlungen zur Realisierung werden vorbereitet und durch den Willen gesteuert. Dieser Prozess wird Volition genannt. Zielintentionen werden nicht immer unverzüglich realisiert, sondern je nach Günstigkeit der Situation. In dieser Phase kommt der Zielsetzung besondere Bedeutung zu.

(c) Volition in der *aktionalen Phase* ist durch Handeln charakterisiert. Wenn sich eine günstige Gelegenheit zur Realisierung einer Zielintention bietet, dann werden zielführende Handlungen in Angriff genommen. Der Übergang in die aktionale Volitionsphase ist vollzogen. Damit bei konkurrierenden Intentionen eine entsprechende Intention zur Ausführung kommt, ist Handlungskontrolle relevant (Kuhl, 1983). Innerhalb dieser Phase wird im Folgenden das Modell der Handlungs- versus Lageorientierung diskutiert.

(d) Motivation in der *postaktionalen Phase* ist durch Attribuierung und Bewertung charakterisiert.

Nach Abschluss einer Handlung werden die Handlungsergebnisse bewertet. Die Bewertung determiniert die Wahl und Ausführung zukünftiger Handlungen. Psychologische Aspekte der Bewertung beziehen sich vor allem auf die Gerechtigkeitswahrnehmung. Gerechtigkeitstheorien beschäftigen sich einerseits mit der fairen Verteilung von Ressourcen und andererseits mit der Fairness der Prozedur oder des Verfahrens, das der Verteilung zugrunde liegt. Innerhalb dieser Phase werden im Folgenden die Theorien über Kausalattribution und Gerechtigkeit (Verfahrens- und Verteilungsgerechtigkeit) ausgeführt.

Abb. 4   Handlungsphasen im Rubikonmodell und relevante Theorien

2.1   Prädezisionale Phase: Wählen

Leitfragen
- Welche Aufgabenalternativen wählen Menschen aus?
- In welchem Zusammenhang stehen Hoffnung auf Erfolg und
  Furcht vor Misserfolg mit den Tendenzen, leichte oder schwierige Auf-
  gaben auszuwählen?
- Was besagt die Valenz-Instrumentalitäts-Erwartungstheorie?
- Wie können Aussagen der V-I-E-Theorie in Mitarbeitergesprächen
  genutzt werden?
- Welche praktischen Konsequenzen ergeben sich aus den Theorien zur
  Auswahl von Aufgaben für Entlohnungsprogramme?

Die erste Phase des Motivationsmodells ist durch Wünschen und Abwägen
gekennzeichnet. Aus einer Serie von Handlungsalternativen muss eine ausgewählt werden, was nicht selten eine „Qual der Wahl" bedeutet. Die Auswahl ist oft quälend, weil auf den Nutzen jener Alternativen, die zurück-

Abb. 5   Zusammenfassung des Regelkreises der Motivation (Nerdinger, 1995, S. 168)

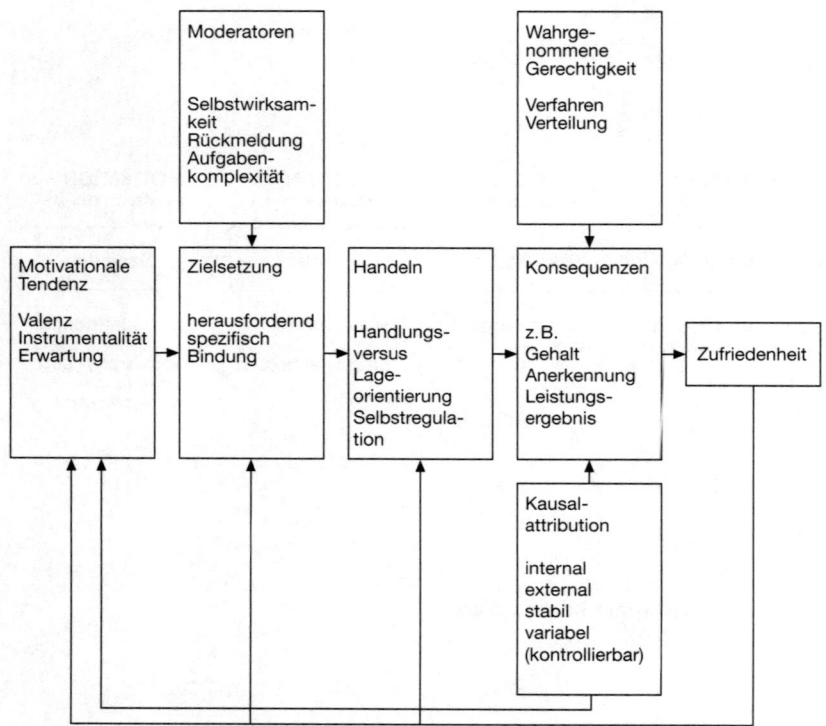

Die Erwartungs-mal-Wert-Theorien gehen davon aus, dass eine Person jene Alternative wählt, die ihr am liebsten ist.

gewiesen werden, verzichtet werden muss. Die Auswahl von Handlungsalternativen wird in der Arbeits- und Organisationspsychologie häufig in sogenannten Erwartungs-mal-Wert-Theorien modelliert. Grundidee dieser Theorien ist die Annahme, dass eine Person jene Alternative wählt, die ihr am liebsten ist. Die Grundidee der Erwartungs-mal-Wert-Theorien basiert auf dem Nutzenmaximierungsmodell der Ökonomie: Eine Person wählt aus einem Set von Alternativen jene aus, die am attraktivsten ist, den höchsten Gewinn bringt (= Attraktivität A). Dies ist jene Alternative, bei der das Produkt der Wahrscheinlichkeit eines bestimmten Ergebnisses

(= Erwartung E) und der Wertschätzung des Ergebnisses (= Wert W) am höchsten ist (Formel 2).

$$A = E * W$$

Begriffsklärungen: Unter „Wert" wird in der Ökonomie der Nutzen oder Gewinn verstanden. Der Wert eines Objektes ist durch die Folgen und die dadurch vermittelten Gefühle der Lust oder Unlust definiert. Weil der Wertbegriff oft unklar ist und sich auf Handlungsziele oder die Handlungssteuerung beziehen kann, wird häufig von der Valenz eines Ergebnisses gesprochen. „Erwartung" meint die subjektive Einschätzung des Zusammenhanges zwischen einer Handlung und einem Ziel. Die Erwartung bedeutet den Mittel-Zweck-Bezug oder die subjektive Einschätzung der Wahrscheinlichkeit, mit der eine Handlung zu einem Ziel führt. Die multiplikative Verknüpfung zwischen E * W stellt das hedonistische Prinzip der Nutzenmaximierung her: Ein Ziel mit hohem Wert, das auch erreichbar ist, ist besonders attraktiv. Auf ein wertvolles Ziel könnte aber deshalb verzichtet werden, weil die Wahrscheinlichkeit es zu erreichen, als gering eingeschätzt wird. Ein besonders wertvolles aber unwahrscheinliches Ziel wird oft nicht ange-

---

Fritz P. sitzt an seinem Schreibtisch und bilanziert im Sinne der Erwartungs-mal-Wert-Theorie: „Wenn ich mich jetzt anstrenge und die mir übertragene besondere Arbeit mit Einsatz und Bravour erledige, dann,

- steigt mein Ansehen beim Chef, der mich fortan für tüchtig halten und mich daher schonen wird (W+, E+),
- kann ich eventuell etwas eher mit der nächsten Beförderung rechnen (W+, E-),
- wird vielleicht die nette neue Sekretärin auf mich aufmerksam (W+, E+/-),
- werden möglicherweise die Kollegen anfangen, mir aus dem Weg zu gehen, weil sie mich für einen Streber halten (W-, E+/-),
- werde ich auf alle Fälle mehr arbeiten müssen als mir recht und lieb ist (W-, E+),
- wird meine Familie protestieren, weil ich später nach Hause komme (W-, E+),
- werde ich morgen keinen Schilling mehr in der Tasche haben als gestern und heute (W-, E-).

Fazit: „Soll der Chef sich einen anderen suchen, auf den er stolz sein kann ..."

Legende: W+ = Ergebnis erwünscht   +/- = Ergebnis trifft eventuell ein
           W- = Ergebnis unerwünscht   E- = Ergebnis tritt wahrscheinlich
           E+ = Ergebnis trifft sicher ein   nicht ein

peilt, wenn ein befriedigendes Ziel sicher erreichbar ist: „Der Spatz in der Hand ist (manchmal) besser als die Taube am Dach". Ein einfaches Beispiel aus dem Arbeitsalltag soll die grundlegenden Zusammenhänge in dieser Theorie veranschaulichen (Bosetzky und Heinrich, 1994):

Atkinsons „Modell der Risiko-wahl" war lange Zeit die Theorie der Motivation schlechthin.

Im Jahre 1957 veröffentlichte John W. Atkinson einen Aufsatz über motivationale Determination bei der Wahl von Aufgaben unterschiedlicher Schwierigkeit. Obwohl Atkinson ein Modell zur Erklärung der Wahl von Anspruchsniveaus bei Leistungsaufgaben entwickelte – das „Modell der Risikowahl" – wurde das Konzept lange Zeit als die Theorie der Motivation schlechthin gefeiert. Man setzte Motivation mit der Wahl einer Handlungsalternative gleich und vernachlässigte die Intensität, Richtung und Ausdauer des Handelns.

Das Modell der Risikowahl geht vom Ergebnis von Leistungshandlungen aus. Jede Handlung kann zu Erfolg und Stolz oder Misserfolg und Scham führen. In weiterer Konsequenz können sich entweder Hoffnung auf Erfolg oder Furcht vor Misserfolg als Grundhaltungen festigen (McClelland, 1971). Die Stärke der antizipierten Gefühle von Stolz oder Scham entscheidet darüber, ob ein Individuum eine Handlung in Angriff nimmt oder nicht. Nach Atkinson ist Leistungsmotivation eine resultierende Tendenz eines emotionalen Konfliktes zwischen der Hoffnung auf Erfolg und der Furcht vor Misserfolg.

Die Tendenz einer Person, Erfolg anzustreben (Te), konzipiert Atkinson ganz im Sinne des Erwartungs-mal-Wert-Ansatzes als Produkt der Valenz des Erfolges (Ve) und der subjektiven Wahrscheinlichkeit, dass bei der Erledigung einer Aufgabe Erfolg eintreten wird (We). Nachdem die Valenz eines Ergebnisses sowohl von der Erfolgsmotivation (Me) der Person als auch von der Situation, dem Anreiz des Ergebnisses der Handlung (Ae), abhängt, kann die Tendenz, Erfolg anzustreben, wie folgt beschrieben werden (Formel 3).

$$T_e = M_e * A_e * W_e$$

Analog zur Tendenz, Erfolg anzustreben, wird die Tendenz, Misserfolg zu meiden, formuliert – so wie angenommen wird, dass in schwierigen Situationen der Anreiz von Erfolg größer ist als in leichten. Umgekehrt nimmt man an, dass der negative Anreizwert von Misserfolg, der Scham auslöst, größer ist, wenn die Aufgabe leicht ist. Je geringer die Wahrscheinlich-

Jede Aufgabe beinhaltet eine gewisse Erfolgs- und Misserfolgs-wahrscheinlichkeit mit der Furcht vor Versagen.

keit, Misserfolg zu erleben, desto größer der negative Anreizwert und desto größer die Scham bei Eintritt von Misserfolg. Jede Aufgabe beinhaltet eine gewisse Erfolgs- und Misserfolgswahrscheinlichkeit mit der Furcht vor Versagen. Die Misserfolgserwartung ist dabei spiegelbildlich zur Erfolgserwartung: Die Erwartung erfolglos zu sein ist groß, wenn die Erfolgserwartung klein ist und umgekehrt.

Nach Atkinson sollten bei überwiegender Motivation, Misserfolg zu vermeiden, Leistungsaufgaben gemieden werden, es sei denn, extrinsische Motivationsfaktoren wie Geld, Anerkennung, Macht etc. sind hoch. Werden Personen, die Misserfolg scheuen, gedrängt, Aufgaben trotzdem zu übernehmen, so wählen sie entweder leichte Aufgaben, die sie so gut wie sicher erfolgreich schaffen **Maximales Risiko bedeutet maximalen Stolz bei Erfolg.** oder sehr schwierige Aufgaben, die wahrscheinlich nicht erledigt werden können, aber die Begründung, die Aufgabe wäre eben zu schwierig, zulassen. Aufgaben mittlerer Schwierigkeit werden eher gemieden. Umgekehrt sollten erfolgsmotivierte Personen Aufgaben mittlerer Schwierigkeit wählen, denn der Anreiz einer Aufgabe ist besonders groß, wenn eine Lösung möglich ist und nicht Glück, sondern die eigenen Fähigkeiten dafür verantwortlich gemacht werden können. Maximales Risiko bedeutet maximalen Stolz bei Erfolg. Dass erfolgsmotivierte Personen tatsächlich Aufgaben mittlerer Schwierigkeit bevorzugen, konnte empirisch bestätigt werden (siehe dazu Heckhausen, 1989). Allerdings werden etwas leichtere als exakt mittelschwere Aufgaben ausgewählt. In empirischen Studien wurde auch nachgewiesen, dass misserfolgsorientierte Personen nicht generell Aufgaben extremer Leichtigkeit oder Schwierigkeit bevorzugen, sondern ihre Präferenzen breit streuen. Misserfolgsorientierte Personen wählen also seltener als erfolgsmotivierte Personen mittelschwere Aufgaben.

Welche Bedeutung hat das Modell der Risikowahl für die Arbeitswelt? Erfolg wird subjektiv definiert und Personen unterscheiden sich in der Herangehensweise an Leistungssituationen. Während Personen mit Hoffnung auf Erfolg den Erfolg aktiv suchen, streben Mitarbeiter mit Furcht vor Misserfolg in erster Linie danach, Misserfolge zu vermeiden. Diese Erkenntnis ist beispielsweise bei Zielvereinbarungen in Mitarbeitergesprächen wichtig (Nerdinger, 1993). Dabei sollen Führungskräfte den Mitarbeitern **Das Modell der Risikowahl kann sehr gut in der Arbeitswelt umgesetzt werden.** einerseits Rückmeldung über deren Leistung und Verhalten geben, gemeinsam Stärken und Schwächen herausarbeiten und Ziele für eine definierte Zeitspanne festlegen. Nach der Theorie der Risikowahl ist zu erwarten, dass

Personen mit Furcht vor Misserfolg Aufgaben mit mittlerer Schwierigkeit eher meiden. Vorgesetzte, welche die Mechanismen der Aufgabenwahl kennen, können versuchen, die Aufmerksamkeit auf anspruchsvolle Aufgaben zu lenken und Realisierungsmöglichkeiten aufzuzeigen. Auf diese Weise wird misserfolgsorientierten Personen die Möglichkeit eröffnet, die Genugtuung von Erfolg zu erfahren und in weiterer Konsequenz ihre Furcht vor Misserfolg abbauen. Durch systematische Rückmeldungen über erfolgreiche Aufgabenerledigung können Selbstvertrauen und das Gefühl der Selbstwirksamkeit gesteigert werden.

Die Valenz-Instrumentalitäts-Erwartungs-Theorie nach Vroon verknüpft verschiedene Motivationsvariablen.

Die Forschungsarbeiten zum Modell der Risikowahl waren bis in die 1970er Jahre intensiv. Dann begann Vroom auf der Basis des Modells ein Konzept zu entwickeln, das die Grundlagenforschung und wirtschaftspsychologische Praxis nachhaltig beeinflusst hat. Vroom (1964) versucht in seiner Valenz-Instrumentalitäts-Erwartungs-Theorie (V-I-E-Theorie) verschiedene Motivationsvariablen zu verknüpfen und Fragen zur Präferenz für bestimmte Arbeitstätigkeiten, zur Zufriedenheit mit den Tätigkeiten und zu Leistungsunterschieden zu beantworten.

Die Tendenz und Stärke eines bestimmten Verhaltens ist abhängig von der Meinung, dass das Verhalten zu einem bestimmten Ergebnis führt, sowie von der Attraktivität dieses Ergebnisses. Mitarbeiter werden motiviert sein und große Anstrengungen setzen, wenn sie überzeugt sind, dass ihr Aufwand gewürdigt wird und zu Belohnungen führt, wie etwa einer Gehaltserhöhung oder einer Beförderung. Nachdem die Mitarbeiter unterschiedliche Bedürfnisse haben, sollten Führungskräfte und Unternehmer die Ziele und Bedürfnisse ihrer Mitarbeiter kennen, um optimale Anreize zu setzen.

Das Kernstück der Instrumentalitäts- oder V-I-E-Theorie bilden die Konzepte der Valenz, Instrumentalität und Erwartung, die folgendermaßen definiert sind:

(a) *Valenz* ist der subjektive intrinsische Wert oder die Anziehungskraft von bestimmten Handlungsergebnissen. Beispielsweise könnte der Wert des Ergebnisses „Lohn" oder „Geld" für eine bestimmte Person hoch oder relativ niedrig sein. Zu unterscheiden sind Valenzen von (1) Handlungen und (2) Handlungsergebnissen. Ein bestimmtes Ergebnis, etwa eine besondere Arbeitsleistung, mag deshalb wertvoll erscheinen, weil ein weiteres Ergebnis, zum Beispiel eine Lohnerhöhung, davon abhängt, welches als besonders wertvoll erlebt wird.

(b) *Instrumentalität* meint die Verknüpfungsart der mehr oder weniger wertvollen Handlungsergebnisse. Beispielsweise könnte eine Person annehmen, eine qualitativ hervorragende Leistung würde mit Sicherheit zu einem hohen Lohn führen. Nachdem bestimmte Ergebnisse angenehme und auch unangenehme Folgen haben können, variiert die Instrumentalität von Ergebnissen von -1 bis +1.

(c) Die *Erwartung* bezieht sich auf die Beurteilung der Ausführbarkeit von Handlungen. Personen könnten meinen, ein bestimmtes Handlungsergebnis, zum Beispiel Leistung, hätte ein wertvolles Ziel zur Folge, beispielsweise eine Lohnerhöhung oder Beförderung. Allerdings könnte die Befürchtung bestehen, die Leistung nicht erbringen zu können, oder aktuelle Umstände würden eine erfolgreiche Leistung nicht zulassen. Die Erwartung variiert von unausführbar bis zu sicher ausführbar oder von 0 bis +1.

Zwischen den drei Größen bestehen folgende Beziehungen: Die Erwartung bezeichnet die subjektive Wahrscheinlichkeit, dass eine Handlung ausgeführt werden kann. So sollte beispielsweise die Erwartung, dass eine hohe Anstrengung zu einer hohen Leistung führt, dann hoch sein, wenn eine Arbeit weitgehend selbstbestimmt ausgeführt werden kann, d. h. unabhängig von äußeren Einflüssen ist und Mitarbeiter überzeugt sind, über die für die Ausführung notwendigen Fähigkeiten und Fertigkeiten zu verfügen. Ein Handlungsergebnis (Valenz j) kann in bestimmter Beziehung zu angestrebten Folgen dieses Ergebnisses (Valenz k, ... n) stehen. So wird etwa unter Akkordbedingungen gewöhnlich hohe Leistung zu höherem Einkommen führen. Im Falle der Gewissheit, dass höhere Leistung über höhere Produktivität zu höherem Einkommen führt, ergibt sich ein Wert der Instrumentalität von +1. Eine andere Konsequenz hoher Leistung könnte die Beeinträchtigung der Gesundheit darstellen, d. h. für „Gesundheit" könnte eine negative Instrumentalität wahrgenommen werden. In diesem Falle würde die Gewissheit über die gesundheitsschädigenden Folgen einer hohen Leistung zu einem Instrumentalitätswert der Arbeit in Bezug auf die Gesundheit von -1 führen. Führt ein Handlungsergebnis mit ziemlicher Sicherheit (positive Instrumentalitätswerte) zu einer bestimmten Handlungsergebnisfolge, die negativ bewertet wird (negative Valenzen k, ... n), dann entsteht durch die Multiplikation ein negativer Wert, d. h. das Handlungsergebnis erhält eine negative Valenz.

Auf der Basis dieser Annahmen (Formel 4) prognostiziert Vroom, welche Handlung eine Person wählt. Die Ergebnisse verschie-

Aus der multiplikativen Verknüpfung zwischen Erwartung und errechneter Valenz des Handlungsergebnisses ergibt sich ein Maß der Anstrengung („force").

dener Handlungen werden antizipiert und die Valenzen verschiedener Handlungsergebnisse errechnet. Handelt es sich beispielsweise um verschiedene Arbeitstätigkeiten, dann kann auf diesem Wege die Präferenz für eine bestimmte Tätigkeit ermittelt werden. Ganz im Sinne des Modells der Nutzenmaximierung sollte die Tätigkeit mit der höchsten Valenz gewählt werden.

Um auch zu wissen, wie sehr sich Mitarbeiter bei der Ausführung einer Tätigkeit anstrengen und warum Unterschiede in der Leistung zwischen Mitarbeitern bestehen, muss als weitere Information die Erwartung, dass eine Handlung zu dem erwünschten Handlungsergebnis führt, berücksichtigt werden. Aus der multiplikativen Verknüpfung zwischen Erwartung und errechneter Valenz des Handlungsergebnisses ergibt sich ein Maß der Anstrengung, das Vroom in Anlehnung an Kurt Lewin als psychologische Kraft oder „force" (F) bezeichnet und gewöhnlich als „Kraft" übersetzt wird und über die Höhe des Anspruchsniveaus Auskunft gibt.

Ein hohes Anspruchsniveau wird gewählt, wenn ein Handlungsergebnis eine hohe Valenz aufweist und die subjektive Wahrscheinlichkeit, die Handlung erfolgreich auszuführen, ebenfalls hoch ist. Hat beispielsweise ein Handlungsergebnis eine positive Valenz aufgrund seiner instrumentellen Verbindung zu geschätzten Handlungsergebnisfolgen und glaubt ein Arbeitnehmer, dass er durch hohe Anstrengung eine hohe Leistungsmenge erzielen kann, dann sollte er nach diesem Modell ein hohes Anspruchsniveau wählen und hohe Kraft bei der Realisierung der Aufgabe aufwenden. Aufgrund der multiplikativen Verknüpfung zwischen den Variablen sagt das Modell aber auch voraus, dass dann eine Handlung unterlassen wird, wenn kein Zusammenhang zwischen hoher Anstrengung und beliebig hoch geschätzten Handlungsergebnissen wahrgenommen wird, wenn also die Erwartung um 0 liegt (Formel 5).

$$V_j = f \left(\sum_{k=1}^{n} (V_k * I_{jk}) \right)$$

Setzt man beispielsweise Lohn als Motivationsanreiz für hohe Arbeitsleistung ein, muss sichergestellt werden, dass Arbeitskräfte Geld besonders hoch schätzen. Nach Vroom (1964) müsste dann ein Motivationsprozess ablaufen, der anhand der Formeln 4 und 5 beschrieben werden kann:
Die Valenz des Handlungsergebnisses V_j (beispielsweise hohe Leistung) ist eine Funktion des Wertes der k Handlungsergebnisfolgen V_k (beispielsweise höherer Lohn, Anerkennung, Beförderung, gesundheitliches Risiko), multi-

pliziert mit den wahrgenommenen Instrumentalitäten des Handlungsergebnisses V_j zur Realisierung der k Handlungsergebnisfolgen V_k. Je wahrschein-
licher eine Leistung zu einer Lohnerhöhung führt, Lob einbringt etc. und je
wertvoller ein hoher Lohn oder Lob sind, und je geringer negativ bewertete
Folgen sind, um so wertvoller erscheint eine hohe Leistung (Formel 4).

Eine hohe Leistung könnte aber schwer zu erbringen sein und nicht nur
von der Anstrengung, sondern auch von bestimmten Fähigkeiten und situativen Umständen abhängen. Das Bestreben, die Anstrengung oder die Motivation F_i, eine hohe Leistung zu erbringen, ist um so höher, je wertvoller das
Handlungsergebnis V_j (Formel 4) erscheint und je größer die subjektive
Erwartung E_{ij} ist, die Leistung aufgrund der Handlung und der verschiedenen Voraussetzungen, Fähigkeiten und situativen Umstände auch erbringen
zu können (Formel 5).

$$F_i = f\left(\sum_{j=1}^{n}\left(E_{ij} * V_j\right)\right)$$

Nach Heckhausen (1989, S. 184) lässt sich der Zusammenhang der verschiedenen Variablen graphisch wie in Abbildung 6 zusammenfassen.

Abb. 6   V-I²E-Theorie nach der Darstellung von Heckhausen (1989, S. 184)

Welche praktischen Konsequenzen ergeben sich aus dem Modell? Das Modell von Vroom (1964) gibt vor allem Handlungsanweisungen für Fragen der Personalforschung (Fröhlich und Gieffers, 1989; zitiert nach Nerdinger, 1995).

Das Modell von Vroom gibt Handlungsanweisungen für Fragen der Personalforschung.

Das Modell kann als Basis für die Konstruktion von Messinstrumenten dienen, um die Arbeitszufriedenheit und die motivationale Tendenz von Personen zu erfassen. Die auf diese Weise gewonnenen Ergebnisse können für Organisationsentwicklungsmaßnahmen verwendet werden, wenn die Ergebnisse an die Mitarbeiter nach der Survey-Feedback-Methode (Gebert und von Rosenstiel, 1992) zurückgemeldet und von den Betroffenen unter Anleitung von Beratern gemeinsam Änderungsmaßnahmen beschlossen werden.

Das Modell von Vroom wurde gefeiert, aber auch kritisiert. Vor allem aus methodischer Sicht ergeben sich Kritikpunkte. Die multiplikative Verknüpfung der Variablen würde Unabhängigkeit der Variablen voraussetzen.

Aus methodischer Sicht ergeben sich Kritikpunkte.

Außerdem fordert die Multiplikation messtheoretisch ein Rationalskalenniveau (ein absoluter Nullpunkt ist vorhanden, z. B. Zeit- und Raummaße). Allerdings kann die Forderung empirisch durch eine additive oder regressionsanalytische Verknüpfung der Variablen umgangen werden, wobei sich in verschiedenen Untersuchungen zeigt, dass auf diesem Wege bessere Prognosen erzielt werden als durch multiplikative Verknüpfung der Variablen.

Trotz des für psychologische Theorien guten empirischen Bestätigungsgrades fehlt es nicht an Versuchen, durch die zusätzliche Berücksichtigung weiterer Variablen die Erklärungskraft des Modells zu erhöhen. So hat beispielsweise die Tatsache, dass Vroom dem Handlungsergebnis selbst keine eigenständige Valenz zugesteht, zur Erweiterung des Modells um die Variable „intrinsische Valenz" (Graen, 1969) geführt. Da eine solche Größe nicht logisch in das Modell integrierbar ist, wird sie einfach im Sinne einer weiteren, additiv verrechneten Determinante der Wahlentscheidung konzipiert. Ebenso verfahren Porter und Lawler (1968), die unter anderem Fähigkeiten und Persönlichkeitsmerkmale sowie die Wahrnehmung der beruflichen Rolle in ihrem Modell berücksichtigen.

Wiswede (2000) stellt ein Modell vor, das zusätzlich soziale Normen und Gruppendruck beinhaltet. Nach Wiswede (2000) ist das Arbeitsverhalten außer von der Valenz eines Ergebnisses auch von einer Vielzahl von Erwartungen abhängig: Von internen Effizienz-Erwartungen, von Konsequenz-Erwartungen, den wahrgenommenen Normen und Rollenzwängen und der

Neigung, diesen sozialen Erwartungen zu entsprechen. Personen überlegen, ob sie eine Leistung schaffen können (Effizienz-Erwartung), was die Leistung bringt (Konsequenz-Erwartung) und was andere Personen in der aktuellen Situation und Position erwarten (soziale Erwartungen). Weiters ist das Arbeitsverhalten oder die Leistung von individuellen Fähigkeiten und der Situation abhängig. Deshalb schlägt Vroom neben dem

Vroom schlägt neben dem Valenz- und Handlungsmodell ein Ausführungsmodell vor.

Valenzmodell, der Konzeptualisierung der Bewertung einer Handlung aufgrund ihrer Instrumentalität wünschenswerte Handlungsergebnisfolgen zu erzielen, und dem Handlungsmodell, das die Anstrengung aufgrund der Erwartung, eine Handlung ausführen zu können und die Valenz der Handlung betrifft, auch ein Ausführungsmodell vor, in welchem die psychologische Kraft (F) mit der Fähigkeit der Mitarbeiter verknüpft wird (Formel 6).

$$\text{Handlungsergebnis} = f\,(\text{Fähigkeit}) \ast F_i = f\,(\text{Fähigkeit}) \ast (\sum_{j=1}^{n} (E_{ij} \ast V_j))$$

Zusammenfassend stellt Heckhausen (1989, S. 185) Vrooms Theorie als Prozessmodell wie in Abbildung 7 dar.

Abb. 7 Prozessmodell der Instrumentalitätstheorie von Vroom (Heckhausen, 1989; S. 185)

Heckhausens Modell berücksichtigt zusätzlich die Situation, in der eine Entscheidung getroffen wird. Heckhausen (1977; Heckhausen, 1989) postuliert ein erweitertes Motivationsmodell und berücksichtigt zusätzlich zu den Variablen im Modell von Vroom die Situation, in der eine Entscheidung getroffen wird. Das Modell ist in vier Ereignis-Stadien gegliedert, die Situation, die Handlung, das Ergebnis und die Folgen (Abbildung 8). Heckhausen unterscheidet vier verschiedene Arten der Erwartung und drei verschiedene Valenzen:

- S→E-Erwartungen oder Situations-Ergebnis-Erwartungen beziehen sich auf die subjektive Wahrscheinlichkeit, mit der sich in einer Situation ohne eigenes Zutun ein Ergebnis einstellt. S-E-Erwartungen wurden lange vernachlässigt und beziehen sich auf die bedingte Grundwahrscheinlichkeit zukünftiger Ergebnisse. Dies sind Erfahrungen mit verschiedenen Situationen, welche die Basis für jeder neue Situationsbeurteilung darstellen.

- H→E-Erwartungen oder Handlungs-Ergebnis-Erwartungen, die häufig in der Literatur beachtet wurden, beziehen sich auf die subjektive Wahrscheinlichkeit, mit der eigene Handlungen zu einem bestimmten Ergebnis führen.

- H→S-E-Erwartungen oder Handlungs-bei-Situation-Ergebnis-Erwartungen beziehen sich auf die subjektive Wahrscheinlichkeit, mit der situative Bedingungen die Kontingenz zwischen Handlung und einem Ergebnis bedingen. Eine bestimmte Situation kann zu hoher oder geringer Erwartung führen, dass eine Handlung ein bestimmtes Ergebnis zur Folge hat.

- E→F-Erwartungen oder Ergebnis-Folge-Erwartungen beziehen sich auf die Erwartung, dass ein bestimmtes Handlungsergebnis bestimmte Folgen nach sich zieht. Dies entspricht der Instrumentalität im Konzept von Vroom.

Abb. 8   Arten von Erwartungen im Motivationsprozess (nach Heckhausen, 1989, S. 468)

Die Erwartungsarten beruhen auf Kausalattribuierungen des Ergebnisses. Die Situations-Ergebnis-Erwartung und die Handlungs-bei-Situation-Ergebnis-Erwartung beruhen auf der Überzeugung, dass externe Ursachen verantwortlich sind, wie beispielsweise die Unterstützung oder Behinderung durch andere oder Zufall, nicht jedoch die Aufgabenschwierigkeit. In der Handlungs-Ergebnis-Erwartung spiegeln sich internale Ursachefaktoren wider, wie Fähigkeiten und die Anstrengung die mit der Aufgabenschwierigkeit in Beziehung gesetzt werden, die man mit der eigenen Fähigkeit und Anstrengung überwinden muss. Die Anstrengung ist variabel und kann von der Person gesteuert werden. Die handelnde Person kann die Handlungs-Ergebnis-Erwartung selbst variieren, wenn die Erfüllung der Aufgabe anstrengungsabhängig ist. Heckhausen (1989, S. 468) spricht auch von „Anstrengungskalkulation".

Die drei Valenzen beziehen sich auf Situation, Handlung und Ergebnisse.

- Die *Situationsvalenz* bezieht sich auf die Bewertung der Situation, in welcher auch ohne eigenes Zutun ein bestimmtes Ergebnis eintritt.
- Die *Handlungsvalenz* drückt den „Wert" einer Handlung aus, die zu einem bestimmten Ergebnis mit wünschenswerten oder nicht erwünschten Folgen führt.
- Die *Ergebnisvalenz* bezieht sich schließlich auf die Anregungswerte der Folgen, die Situations- oder Handlungsergebnisse voraussichtlich nach sich ziehen.

Die Wahl einer Handlungsalternative lässt sich nach Heckhausens Modell durch vier Fragen erheben, die in einer aussagenlogischen Sequenz angebracht sind, wie Abbildung 9 zeigt. Personen können die Fragen der Reihe nach durchgehen und entscheiden, ob sie eine Handlung ausführen, weil diese etwa zu gewünschten Folgen führt, oder diese unterlassen. „Das erweiterte Modell bildet also kognitive Prozesse eines reinen Zweckhandelns ab" (Heckhausen, 1989, S. 470), wobei nicht immer alle Fragen (bewusst) elaboriert werden müssen.

Abb. 9 Aussagenlogische Sequenz von Fragen und Antworten, die der Entscheidung zum Handeln zugrunde liegen (nach Heckhausen, 1989, S. 471)

Das Frageschema kann als Grundlage für Mitarbeitergespräche dienen.

Das Frageschema von Heckhausen (1989) kann als Grundlage für Mitarbeitergespräche dienen (Neuberger, 1980). Vorgesetzte können gemeinsam mit Mitarbeitern deren Erleben der Arbeitssituation, Wünsche, Erwartungen und spezifische Wahrnehmungen betrieblicher Zusammenhänge analysieren.

1. Dabei ist zunächst zu fragen, ob ein Mitarbeiter glaubt, dass die gewünschten Arbeitsergebnisse mit hoher Wahrscheinlichkeit auch ohne eigenes Zutun eintreten werden. Diese Frage wird in der Praxis selten gestellt. Für Führungskräfte erscheint eine solche Situationsdeutung nur schwer nachvollziehbar. Wenn sich Vorgesetzte aber über mangelnde Initiative ihrer Mitarbeiter beklagen, dann ist dieser Analyseschritt wich-

tig. Dabei kann sich ergeben, dass in einer Abteilung auf die Zumutung individueller Initiativen mit einer Art „Totstellreflex" reagiert wird (Neuberger, 1992). Überzeugungen, bestimmte Folgen würden sich in einer Situation von selbst einstellen, sollten entweder durch Gegenbeispiele über betriebliche Abläufe korrigiert werden, oder Mitarbeitern sollten durch eigenes Handeln vom Gegenteil überzeugt werden.

2. Die zweite Frage sollte dahingehend gerichtet sein, ob ein Mitarbeiter die Erwartung hat, ein gewünschtes Ergebnis selbst herbeiführen zu können. Wenn dabei prinzipielle Zweifel bestehen, dann liegt es am Vorgesetzten, das Selbstvertrauen und die Fähigkeiten so zu stärken, dass sich die erwünschte Erwartung einstellt. Konstruktive Kritik bei Fehlern, gezieltes Erlernen von Fertigkeiten und Fähigkeiten sowie Erfolge und adäquate Arbeitsgestaltung können wirksame Initiativen sein.

3. Die dritte Frage zielt auf Valenzen ab, die ein Mitarbeiter mit möglichen Folgen von Handlungsergebnissen verbindet. Diese sind nur durch intensive Gespräche und durch Verhaltensbeobachtungen zu eruieren. Entscheidend ist, ob die angebotenen Belohnungen auch von einer Person als Belohnungen gewertet werden.

4. Die letzte Frage bezieht sich auf den wahrgenommenen Zusammenhang zwischen Handlungsergebnissen und Folgen. Wenn ein Mitarbeiter nach Aufstieg strebt, aber meint, dass im Unternehmen nur jene befördert werden, die „nicht auffallen" oder informelle Kontakte zu relevanten Personen haben, dann ist die subjektive Einschätzung der Instrumentalität von Handlungsergebnissen und Folgen gering.

Die verschiedenen Erwartungs-mal-Wert-Theorien wurden vielfach kritisiert. Zum einen ist es schwierig, die Konzepte der Valenz, Instrumentalität und Erwartungen

Gegen die Erwartungs-mal-Wert-Theorien wurden zahlreiche kritische Stimmen erhoben.

zu messen, weil hohe Korrelationen zwischen den Variablen bestehen und die Isolation der einzelnen Variablen empirisch kaum möglich ist. Problematisch ist auch die theoretisch postulierte multiplikative Verknüpfung der Variablen, weil das dafür geforderte Skalenniveau der Daten nicht zu erreichen ist. Weiters ist kritisch anzumerken, dass die Theorien versuchen, individuelle Entscheidungen zu erklären. Üblicherweise werden die Theorien aber auf aggregiertem Niveau überprüft, wo relativ gute Prognosen gestellt werden können. Die wenigen Untersuchungen, die individuelle Entscheidungen prüften, kommen allerdings nur zu mäßig guten Vorhersagen. Zu diskutieren ist auch die zugrundeliegende Rationalitätsannahme und Nutzenmaximierung: Nach Nerdinger (1995) beträgt der erklärte Varianzanteil in der überwiegenden Mehrzahl der Studien unter 25 Prozent. Die Erklärung weiterer Varianzanteile würde also andere Modelle erfordern, die nicht auf dem Konzept der Nutzenmaximierung basieren. Die Theorien befassen sich schließlich mit Entscheidungen, nicht mit aufgabenbezogenem Handeln. So zeigen verschiedene Untersuchungen, dass etwa durch den Ansatz von Vroom (1964) die Präferenz für bestimmte Arbeitstätigkeiten erklärbar ist, nicht aber die konkrete Anstrengung bei der Erfüllung einer Aufgabe oder das Leistungsergebnis (Kanfer, 1990; Mitchell, 1982). Die Erklärung des Handelns stellt ein Problem der Volition dar, das durch Erwartungs-mal-Wert-Theorien nicht gelöst wird. Die Auswirkungen einer Wahl auf das nachfolgende Handeln werden durch Gefühle und Willensprozesse gesteuert, hängen von situativen Hindernissen und Möglichkeiten ab und stellen die Rationalitätsannahme in Frage.

2.1.1 Praktische Anwendungen der Erwartungs-mal-Wert-Theorien

Trotz Kritik sind die theoretischen Erkenntnisse über Auswahlprozesse in der betrieblichen Praxis sehr nützlich. Robbins (2000) nennt eine Reihe von Nutzungsmöglichkeiten:

Variable Entlohnungsprogramme
Stückzahlbezogene Entlohnungsprogramme, Lohnanreizsysteme, Gewinnbeteiligung, Prämien usw. sind Formen variabler Entlohnung. Variable Entlohnungsprogramme sehen vor, dass ein Teil der Entlohnung der Mitarbeiter von dessen individuellen Leistungen oder der Leistung des gesamten Unternehmens abhängen:

- Piece-rate-pay-plans: Leistungsbezogene Bezahlung für Mitarbeiter, die beispielsweise für jedes von ihnen produzierte oder verkaufte Stück eine fixe Summe Geld erhalten. In vielen Unternehmen erhalten die Mitarbeiter einen Basislohn und zusätzlich für jedes produzierte Stück eine bestimmte Summe. Für besondere Leistungen oder Gewinne bieten Betriebe den leitenden Angestellten oder allen Mitarbeitern Prämien an.
- Profit-sharing-plans: Mitarbeiter werden am Gewinn des Unternehmens beteiligt, wobei die Aufteilung anhand eines festgelegten Schlüssels erfolgt. Der Gewinn kann in Form von Geld weitergegeben werden oder, was besonders bei Managern üblich ist, in Form von Aktien des Unternehmens.
- Gainsharing/Result sharing: Die Bezahlung basiert auf der Erreichung bestimmter Leistungsziele. Wenn es beispielsweise einer Gruppe von Mit-

arbeitern gelingt, Verbesserungen in der Produktion durchzuführen, dann erhalten sie nach einem vorher festgelegten Schlüssel einen Teil des Geldes, das die Firma einsparen konnte. Häufig wird die eingesparte Summe im Verhältnis 50:50 verteilt. Die genannten Entlohnungsprogramme sind geeignet, die Motivation und die Leistung der Mitarbeiter zu steigern. In vielen Betrieben gelingt es, die Fixkosten im Personalbereich zu senken und das unternehmerische Risiko mit den Mitarbeitern zu teilen. Mitarbeiter können zwar bei variablen Lohnsystemen ein höheres Gehalt erarbeiten als bei fixem Monatsgehalt. Allerdings besteht die Gefahr, dass in wirtschaftlich schlechten Zeiten die Gehälter niedrig sind (Robbins, 2001).

Fähigkeits- und fertigkeitsbezogene Entlohnungsprogramme
Skill-based pay plans sehen vor, dass die Höhe der Bezahlung von der Fähigkeit der Mitarbeiter abhängt, wie viele verschiedene Tätigkeiten sie ausführen können. Die Vorteile dieser Methode liegen darin, dass die Mitarbeiter flexibel, in verschiedenen Bereichen eingesetzt werden können und dass sich die Kommunikation innerhalb des Unternehmens verbessert, da die Mitarbeiter Kenntnis über die Tätigkeiten in verschiedenen Arbeitsbereichen haben. Engagierte Mitarbeiter mit geringen Aufstiegschancen können dadurch ihr Gehalt verbessern, ihr Wissen differenzieren und die Produktivität des Unternehmens erhöhen.

Es gibt aber auch eine Reihe von Problemen bei der Anwendung von Skill-based pay plans. Wenn Mitarbeiter alle relevanten Fähigkeiten besitzen, die im Betrieb wichtig sind, haben sie keine weitere Möglichkeit einer Gehaltsverbesserung. Manche Firmen klagten, für Fertigkeiten ihrer Mitarbeiter zu bezahlen, die für deren Arbeit irrelevant sind. Hinzu kommt, dass die Höhe der Bezahlung davon abhängt, ob ein Mitarbeiter eine Tätigkeit ausführen kann, aber nicht von der Produktivität. Trotz dieser Mängel sprechen die Ergebnisse zahlreicher Studien für Skill-based pay plans, da im Allgemeinen die Zufriedenheit steigt und die Leistung verbessert wird. Besonders international konkurrierende Unternehmen, die Produkte mit kurzem Lebenszyklus produzieren, scheinen von Skill-based pay plans zu profitieren, weil Mitarbeiter mit vielfältigen Fähigkeiten flexibler auf aktuelle Anforderungen reagieren können. (Robbins, 2001).

Variable Belohnungen
Flexible benefits erlauben es Angestellten aus einem großen Angebot von Belohnungen jene zu wählen, die ihre persönlichen Bedürfnisse und Wünsche am besten befriedigen. Unternehmen reagieren auf die wechselnden

Bedürfnisse ihrer Mitarbeiter und vermeiden ein undifferenziertes Belohnungssystem, das für die gesamte Belegschaft gleichermaßen gilt.

Die traditionellen Belohnungssysteme der 1950er Jahre waren auf den „typischen Angestellten" ausgerichtet, einen verheirateten Mann mit zwei zu versorgenden Kindern. Nach Robbins (2001) entsprechen heute weniger als zehn Prozent der Mitarbeiter diesem Bild. Vielmehr sind 25 Prozent der Belegschaft ledig und ein Drittel der Angestellten lebt in einer Zwei-Verdiener-Beziehung ohne Kinder. Die verschiedenen Gruppen von Mitarbeitern haben unterschiedliche Bedürfnisse. Flexible Belohnungssysteme sind Antworten auf diese veränderten Mitarbeiterprofile.

Ein Unternehmen gewährt jedem Mitarbeiter ein Konto, dessen Höhe einem gewissen Prozentsatz des Lohnes entspricht. Jede Belohnung hat einen vorher festgesetzten Preis. Der Angestellte kann über sein Geld frei verfügen und aus dem Angebot der verschiedenen Belohnungen auswählen, bis das Konto leer ist. Über dieses Konto können beispielsweise Lebensversicherungen, Krankenversicherungen, verschiedene Pensionspläne bezahlt werden. Weiters besteht die Möglichkeit, Zeit als Belohnungsfaktor zu nutzen – etwa ein verlängerter Urlaub oder ein Sabbatical. Das Modell der Sabbaticals, ursprünglich aus der Forschung („research and study leave") stammend, scheint zunehmend auch für Unternehmen interessanter zu werden. Dahinter steht die Idee, Mitarbeitern abseits ihrer regulären Arbeitspflichten die Möglichkeit und Zeit für Reflexion und persönliche Weiterbildung zu gewähren.

In den 1990er Jahren setzten ungefähr zwölf Prozent der mittleren und großen US-amerikanischen Unternehmen flexible Belohnungssysteme ein. Aber auch immer mehr Mittelbetriebe erkennen die Vorteile für das Unternehmen im Sinn der Kostenreduktion und des Mitarbeiterprofits durch bedürfnisangepasste Anreizsysteme.

2.2   Präaktionale Phase: Zielsetzung

Leitfragen
- Was sind Volitionsprozesse?
  Wie schwierig und konkret müssen Arbeitsziele sein, um die Leistung zu erhöhen?
- Was ist Selbstwirksamkeit und wie kann sie gesteigert werden?

- Wie wichtig ist die Rückmeldung über den Erfolg oder Misserfolg von Arbeitsschritten für die Zielerreichung?
- Was besagt die Feeback-Intervention-Theorie?
- Welche praktischen Konsequenzen ergeben sich aus der Zielsetzungstheorie für die Führung im Betrieb?

Wenn eine Person beschließt, einen Berg zu besteigen, eine bestimmte Arbeit im Betrieb zu übernehmen oder einen bestimmten Beruf zu erlernen, dann hat sie eine Wahl getroffen und ein Ziel gesetzt. Entscheidend ist nun, wie intensiv und ausdauernd das gewählte Ziel verfolgt wird. Die präaktionale Volitionsphase beschäftigt sich mit der Intensität der Handlungsrealisierung, also mit Volitions- beziehungsweise Willensprozessen.

Die Theorie der Zielsetzung (Latham und Locke, 1991; Locke und Latham, 1984, 1990) basiert auf der Annahme, dass Ziele motivierend wirken. Wenn sich Personen weder in ihren Fähigkeiten noch in ihren Fertigkeiten unterscheiden, aber trotzdem unterschiedliche Leistungen erbringen, dann könnte es sein, dass ein motivationaler Unterschied besteht.

Die Zielsetzungstheorie geht davon aus, dass Ziele motivierend wirken.

Während sich die einen hohe Ziele setzen, die sie erreichen wollen, begnügen sich die anderen mit niedrigeren Zielen.

Die Annahmen der Zielsetzungstheorie, die in den vergangenen drei Jahrzehnten vielfach untersucht und empirisch bestätigt wurden, gehen davon aus, dass Ziele das Leistungshandeln positiv beeinflussen, weil sie die Aufmerksamkeit auf handlungsrelevante Information lenken und Anstrengung und Ausdauer regulieren. Ziele wirken direkt auf die Ausrichtung, so dass eine Handlung ausgeführt wird und andere Ziele blockiert werden. Weiters wirken Ziele auf die Anstrengung, den Ehrgeiz einer Person und auf die Ausdauer oder Hartnäckigkeit des Handelns und damit auf die Leistung. Ziele geben eine bestimmte Handlungsrichtung vor und tragen auch zur Entwicklung von aufgabenspezifischen Strategien und Plänen bei. Ziele stimulieren die Analyse von Handlungsprozessen und fördern die Entwicklung neuer Pläne. Die grundlegenden Aussagen der Theorie besagen, dass

- schwierige, herausfordernde, aber erreichbare Ziele zu besseren Leistungen führen als mittlere oder leicht zu erreichende Ziele, und dass
- herausfordernde und präzise, spezifische Ziele ebenfalls bessere Leistungen garantieren als allgemeine, vage Ziele, wie etwa die Forderung, das Beste zu geben.

Die theoretischen Annahmen wurden in unterschiedlichen Kontexten untersucht. Dabei wurden eine Reihe von Moderatorvariablen und Wirkmechanismen gefunden, die in Abbildung 10 angeführt sind.

Abb. 10   Theorie der Zielsetzung

Spezifische und herausfordernde Ziele führen zu höherer Anstrengung und Leistung.

Der Wille, die Anstrengung oder Volition, ein Ziel zu erreichen, steigt mit der Schwierigkeit, das Ziel zu erreichen. Dies scheint im Gegensatz zu Atkinsons Theorie der Risikowahl zu stehen, wonach Aufgaben mittlerer Schwierigkeit bevorzugt werden. Allerdings spricht Atkinson von der Wahl von Aufgaben, während in der Zielsetzungstheorie nicht die Wahl einer Alternative gemeint ist, sondern die Anstrengung und Ausdauer einer Person, wenn sie bereits eine Alternative gewählt hat. Spezifische und herausfordernde Ziele führen zu höherer Anstrengung und Leistung.

Die zentrale Aussage der Theorie, dürfte eine der empirisch am klarsten bestätigten Hypothesen der Arbeits- und Organisationspsychologie sein.

Nach Locke und Latham (1990, S. 25) muss zwischen Ziel(erreichungs)-schwierigkeit und Aufgabenschwierigkeit unterschieden werden. Die Aufgabenschwierigkeit ist von der Komplexität der Aufgabe abhängig. „A difficult task is one that is hard to do. A task can be hard because it is complex, that is, requires a high level of skill and knowledge." Die Zielschwierigkeit entspricht im Gegensatz dazu der erforderlichen Leistung zur Zielerreichung und wird im Allgemeinen mit Zielbezug angegeben: „goal difficulty specifies a certain level of task proficiency measured against a standard" (Locke und Latham, 1990, S. 26). Zur Klärung der Schwierigkeitsbegriffe führt Thunig

(1999) folgendes Beispiel an: Die Addition zweier dreistelliger Zahlen stellt eine niedrige Aufgabenschwierigkeit dar. Sind in einer Minute eine Vielzahl solcher Additionen durchzuführen, bleibt zwar die Aufgabenschwierigkeit niedrig, die Zielschwierigkeit ist jedoch hoch.

Auf der Basis verschiedener empirischer Befunde postulieren Locke und Latham (1990) einen linearen Zusammenhang zwischen Zielschwierigkeit und Leistung. Selbstverständlich gilt der Zusammenhang, wie Abbildung 11 zeigt, nur für jene Schwierigkeitsbereiche, welche die Zielrealisierung noch möglich machen. Während die Leistung bis zur Erreichung einer Grenze mit der Zielschwierigkeit ansteigt, fällt sie bei weiterer Steigerung der Zielschwierigkeit stark ab. Die Zielbindung (commitment) lässt nach, wenn die Erreichbarkeit von Zielen unmöglich erscheint.

Abb. 11 Zusammenhang zwischen Zielschwierigkeit und Leistung nach Locke und Latham (1984, S. 22)

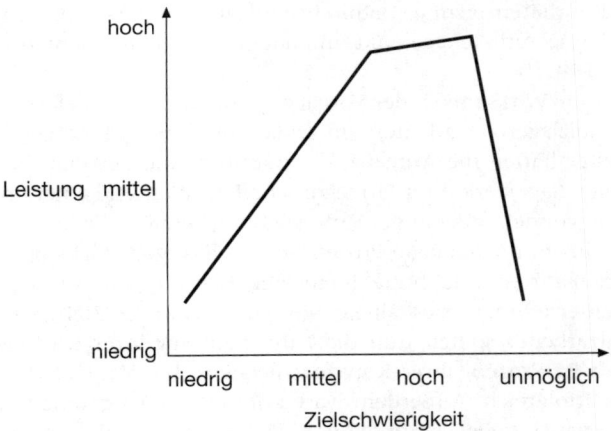

Ziele können vage formuliert sein, wie etwa die Anweisung „Arbeiten Sie an dieser Aufgabe!" oder spezifisch, wie die Forderung „Verkaufen Sie bis heute Abend 15 Produkte der Kategorie x!". Je spezifischer ein Ziel formuliert ist, um so klarer die Vorgaben und um so eher wird sich eine Person anstrengen, das Ziel zu erreichen. Bei unspezifischen Zielen wird

Spezifische Ziele fördern die Leistung.

eine Person aufgefordert, ihr Bestes zu geben („do your best"-Bedingung). Unter einer „do your best"-Bedingung können Personen eine große Bandbreite an Leistung so interpretieren, als hätten sie ihr Bestes gegeben. Bei spezifischen, harten Zielen hingegen liegt keine Zweideutigkeit bei der Bewertung der Leistung vor. Nur das Erreichen eines bestimmten Leistungsstandards kann als Erfolg interpretiert werden. Jetter und Skrotzki (2000, S. 41) betonen, dass spezifische Ziele außerdem die Planung und die Entwicklung von Strategien zur Zielerreichung initiieren, was besonders im Falle komplexer Aufgaben relevant ist.

Ziele sind spezifisch beziehungsweise klar definiert, wenn der Zielinhalt, das Zielausmaß und der zeitliche Bezug bestimmt sind. Ein formuliertes Ziel wie: „Verringern Sie die Ausschussrate in den nächsten sechs Monaten um fünf Prozent!" erfüllt die Forderung der Zielsetzungstheorie und ist gleichzeitig eine brauchbare Basis für eine spätere Beurteilung der Leistung. Ziele wie „Produzieren Sie mehr Qualität!" sind demgegenüber weit weniger geeignet, da sie ein „do your best" implizieren und damit in der Evaluationsphase einen zu großen Bewertungsspielraum lassen. Mehrere Ziele erfordern außerdem Prioritätensetzung. Dadurch wird die Aufmerksamkeit zunächst auf die wichtigeren Ziele gelenkt und damit eine klare Orientierung gegeben (Gebert, 1995).

Ein Beispiel für die Wirksamkeit der Vorgabe spezifischer Ziele liefert eine Studie, die mit Holzlagerplatzarbeitern in Oklahoma, USA, durchgeführt wurde. Die Arbeiter hatten die Aufgabe, die Baumstämme aus dem Wald zum nahegelegenen Sägewerk ihrer Firma zu schaffen. Während einer dreimonatigen Periode vor dem Beginn der Untersuchung beluden die Mitarbeiter die LKWs nur bis zu ungefähr 60 Prozent ihrer zulässigen Höchstbelastbarkeit. Unnötige Fahrten und hohe finanzielle Belastungen waren die Folgen für das Unternehmen. Deshalb wurde ein spezifisches Ziel gesetzt: Die Holzlagerplatzarbeiter sollten nun die Fahrzeuge vor ihrer Rückkehr zum Sägewerk zu 94 Prozent ihrer Kapazität beladen. Die Vorgabe dieses Ziels war extrem erfolgreich. Außerdem waren die Effekte lang anhaltend, so dass die Arbeiter auch sieben Jahre später noch immer das erzielte Niveau hielten und die Ersparnissen für das Unternehmen beachtlich waren (Latham und Baldes, 1975; zitiert nach Greenberg und Baron, 2000).

Die motivationalen Effekte scheinen bei vorgegebenen Zielen genau so stark zu sein wie bei partizipativ vereinbarten.

Sollen Ziele autoritär vorgegeben werden oder sind sie gemeinsam mit den Mitarbeitern zu formulieren? Bei konstanter Zielschwierigkeit scheinen die motivationalen Effekte vorgegebener Ziele genau so stark zu sein wie die Effekte partizipativ verein-

barter Ziele (Jetter und Strotzki, 2000). Allerdings sollten bei autoritär vorgegebenen Zielen einsichtige Begründungen gegeben werden. Allgemein
besteht eine Tendenz zur Präferenz partizipativ gesetzter Ziele. „Partizipation
leistet auch einen wichtigen Beitrag zur Klärung der Ziele selbst. Die Mitarbeiter erhalten wichtige Informationen, in welche Richtungen ihre Anstrengungen gehen sollen und welche Erwartungen an sie gestellt werden. Parti-
zipative Zielfestlegung in Form von Zielvereinbarungsgesprächen kann
sogar zur gemeinsamen Entwicklung effektiver Strategien und Aktionspläne
führen, die für die Aufgabenbewältigung notwendig sind" (Gebert, 1995,
zitiert nach Jetter und Skrotzki, 2000, S. 44). Empirische Studien zeigen,
dass dies einen positiven Effekt auf das Selbstbewusstsein, die Motivation
und die Leistung bei komplexeren Aufgaben hat (Locke, Shaw, Saari und
Latham, 1981, zitiert nach Jetter und Skrotzki, 2000, S. 44).

Die Identifikation einer Person mit einem Ziel, das Commitment oder die
Bindung an ein Ziel, der Wille, ein Ziel trotz mancher Rückschläge zu erreichen, beeinflusst ebenfalls die Leistung. Bei hoher Zielbindung besteht
ein hoher Zusammenhang zwischen der
Schwierigkeit der Ziele und Leistung. Bei   **Hohe Zielbindung hat großen**
geringer Zielbindung hat die Schwierigkeit   **Einfluss auf die Leistung.**
keinen Einfluss auf die Leistung. Für die
Organisationspsychologie ergibt sich auch aus diesem Befund die Forderung, Ziele mit Mitarbeitern partizipativ zu setzen, so dass Zielbindung weitgehend möglich ist.

Der Zusammenhang zwischen Zielsetzung und Leistung wird durch eine
Reihe von Moderatorvariablen reguliert. Besondere Aufmerksamkeit wurde
dabei der Selbstwirksamkeit, der Rückmeldung über erreichte Zwischen-
schritte oder Fehler, der Aufgabenkomplexität aber auch kulturellen
Besonderheiten geschenkt.

Bandura (1986) stellte in seiner sozial-kognitiven Lerntheorie fest, dass
sowohl persönliche Ziele wie auch Leistungsverhalten durch Selbstwirksamkeit beeinflusst werden. Selbstwirksamkeit wird allgemein als aufgabenspe-
zifisches Selbstvertrauen verstanden, der Glaube, über die Fähigkeit zur
Kontrolle des Handelns bei Ereignissen zu verfügen, die für das eigene Leben relevant sind. Neben den Fähigkeiten und gesetzten Zielen beeinflussen
Selbstwirksamkeit und persönliche Ziele die Leistung.

Hackman und Oldham (1980) betonen in ihrem Modell des Motivationspotentials die Wirkung der Rückmeldung über die eigene Leistung. Auch in
Volitionsprozessen erscheint die Rückmeldung wichtig. Informative und
bewertende Rückmeldungen wirken eher positiv als negativ oder gar nicht
auf die Leistung, vor allem in jenen Situationen, wo Arbeitstätige über die

Ausführung einer Aufgabe selbst keinen klaren Überblick haben. Die zahlreichen Studien über den Effekt der Rückmeldung auf die Leistung bieten allerdings kein einheitliches Bild.

Häufig wird postuliert, dass über die Zielerreichung eine Rückmeldung erfolgen sollte, was dazu führt, dass neue Ziele gesetzt werden. Durch ein klares Feedback erkennen Menschen in Organisationen, wie sehr ihre Leistung den Anforderungen entspricht. Die Rückmeldung sollte möglichst spezifisch sein, um geeignete Informationen zur Verbesserung der Leistung zur Verfügung zu stellen, und es sollte den Mitarbeitern die Möglichkeit gegeben werden, kontinuierlich ihren Leistungsstand zu überprüfen.

Ein klares Feedback hilft, den Leistungsstandard zu überprüfen.

Um den Effekt des Feedbacks zu nutzen, sollten bei qualitativen Zielen, die nur über ein Beurteilungsverfahren erfassbar sind, nicht zu lange Zielvereinbarungszyklen gewählt werden (Jetter und Skrotzki, 2000). Thunig (1999) betont, dass es in der Praxis wichtig ist zu unterscheiden, ob die Rückmeldung fremdgegeben, also external ist, oder selbst generiert werden kann. Ivancevich und McMahon (1982, zitiert nach Thunig, 1999, S. 88) unterscheiden in ihrer Felduntersuchung zum Einfluss der Zielsetzung auf die Leistung zwischen Feedback von Vorgesetzten und von Mitarbeitern selbständig in ihrem Aufgabenbereich ermitteltem Feedback. Die Möglichkeit den Grad der Zielerreichung eigenständig zu bestimmen, führte im Vergleich zum externen Feedback zu höherer Leistung.

Die Wichtigkeit von Zielsetzung in Zusammenhang mit Rückmeldung wurde in einer Studie an Pizzalieferanten zweier Städte demonstriert. Pizzalieferanten müssen bekanntlich die Pizza ihren Kunden rasch zustellen, gleichzeitig aber auch die Straßenverkehrsvorschriften beachten. Nachdem bekannt war, dass manche Personen, um eine rasche Zustellung zu ermöglichen, an Straßenkreuzungen nicht mehr anhielten, wurde eine Überprüfung notwendig. Geschulte Beobachter zeichneten das Fahrverhalten während der Hauptverkehrszeit, insbesondere den Prozentsatz der Stopps auf. Über einen Zeitraum von sechs Wochen kamen die Fahrer aus beiden Städten im Durchschnitt in weniger als 50 Prozent der Kreuzungen zu einem kompletten Stillstand. Da dies inakzeptabel war, wurden die Fahrer an einem Ort angewiesen, bei 75 Prozent aller Kreuzungen anzuhalten. Über einen vierwöchigen Zeitraum wurden ihnen regelmäßig Rückmeldungen gegeben, die ihre Erfolge im Erreichen des Ziels dokumentierten. Den Fahrern der zweiten Gruppe, der Kontrollgruppe, wurden keine Ziele vorgegeben und sie bekamen auch keine Rückmeldungen über ihr Fahrverhalten. In der Gruppe mit Rückmeldung verbesserte sich das Verhalten deutlich.

Nach der Rückmeldungsperiode wurde den Fahrern zwar das 75-Prozent-Ziel vorgegeben, Rückmeldungen wurden aber eingestellt. Während der folgenden sechs Monate wurde das Fahrverhalten sowohl der ersten Gruppe, der Versuchsgruppe, als auch das der Kontrollgruppe beobachtet. Ohne Feedback fiel die Leistung der Pizzalieferanten auf das Niveau vor den Anweisungen zurück (Ludwig und Geller, 1997, zitiert nach Greenberg und Baron, 2000).

Wie schon betont wurde, weisen die Studien über Feedback in Leistungssituationen auf differentielle Wirkungszusammenhänge hin. Trotzdem wird immer wieder postuliert, Rückmeldungen hätten ausnahmslos positive Wirkungen. Und diese Meinung hält sich hartnäckig auch in Lehrbüchern zur Organisationspsychologie, trotz längst bekannter anderslautender Befunde. Kluger und DeNisi (1996) präsentierten eine Metaanalyse, in welcher 131 Studien, 607 Effektgrößen und 23.663 Beobachtungen über mehrere Jahrzehnte zusammengefasst wurden. Die Daten sprechen insgesamt und im Durchschnitt eher für einen positiven Zusammenhang zwischen Rückmeldung und Leistung. Ein Drittel der Studien zeigt aber, dass Feedback zu einer Reduktion der Leistung führt. Feedback kann entweder dazu führen, dass ein Mitarbeiter seine Aufgabe, Aufgabendetails und die Leistung beachtet, oder die Aufmerksamkeit auf sich selbst lenkt. Wenn die Rückmeldung mit der Aufgabe oder Ausführungsschritten gekoppelt wird, dann ist der Effekt üblicherweise positiv. Wird hingegen die Rückmeldung mit der Person selbst in Verbindung gesetzt, scheinen positive Effekte auszubleiben und manchmal sogar negative einzutreten.

> **Im Großen und Ganzen gibt es einen positiven Zusammenhang zwischen Rückmeldung und Leistung, Feedback kann mitunter aber auch zu Leistungsreduktion führen.**

Feedback-Intervention-Theorie
Kluger und DeNisi (1996) entwickelten die Feedback-Intervention-Theorie. Diese besagt, dass das Verhalten durch Diskrepanzen zwischen einem Ist-Wert und einem Ziel reguliert wird. Ein Überblick über die Theorie wird in Abbildung 12a gegeben. Rückmeldungen über Diskrepanzen können die Aufmerksamkeit der handelnden Person auf sich selbst, auf die Aufgabe oder auf Arbeitsschritte lenken.

(a) Wenn die Aufmerksamkeit auf die aktuelle Aufgabe fokussiert wird und die Diskrepanz zwischen Ist- und Sollwerten positiv ist, kann eine Person überlegen, ob sie höhere Ziele anpeilen soll oder nicht. Wenn sie höhere Ziele anstrebt, kommt es zu einer Leistungssteigerung, wenn nicht zu einer Leistungsreduktion. Wenn zwischen Ist- und Sollwerten keine Diskrepanz besteht, wird die Leistung beibehalten. Ist die Diskrepanz negativ, kommt es zu einer Leistungssteigerung, wenn davon eine Reduktion der Diskrepanz erwartet wird. Ist mit der Leistungssteigerung keine Diskrepanzreduktion wahrscheinlich, werden entweder Lernprozesse stattfinden oder die Aufmerksamkeit wird auf sich selbst gelenkt und überlegt, warum keine Verbesserung des Istwertes möglich ist (siehe Abbildung 12b).

(b) Wenn die Aufmerksamkeit auf Aufgabendetails, auf einzelne Handlungsschritte gerichtet ist, stellt sich die Frage, ob die Aufgabe klar ist. Wenn dies nicht der Fall ist, werden Hypothesen über Arbeitsschritte und Zielerreichung generiert und getestet, so dass erfolgreiche Strategien gelernt werden können (Abbildung 12b). Wenn eine Diskrepanz zwischen Ist- und Sollwerten rückgemeldet und die Aufmerksamkeit auf Handlungsschritte gelenkt wird, die Aufgabe klar erscheint sowie die Handlungsschritte automatisiert erfolgen, dann kann die Rückmeldung die routinisierte Ausführung vorübergehend stören (Abbildung 12c).

(c) Wenn die Aufmerksamkeit auf das Selbst der Person gelenkt wird, wird je nach subjektiven Zielen, wie Erhöhung des Selbstwertes, Eindrucksmanagement usw., die Rückmeldung über Ist-Soll-Diskrepanzen die Person bewegen, nochmals die Relevanz des Handlungsziels zu überlegen und eventuell aufzugeben. Wenn das Ziel wichtig erscheint, wird sich eine Person auf die Ausführung konzentrieren, und wenn die Ausführung leicht erscheint, ihre Leistung steigern. Erscheint die Ausführung schwierig, kann die Leistung unterbrochen werden (Abbildung 12d).

Kluger und DeNisi (1996, 1998) nehmen an, dass Rückmeldungen leistungseffizienter sind, wenn sie Handlungsschritte oder die Aufgabe insgesamt betreffen. Normative Rückmeldungen richten die Aufmerksamkeit eher auf die Person selbst und sind der Leistung weniger förderlich als konkrete Rückmeldungen über die Ausführungsschritte und deren Effekte. Beispielsweise verbessern Lehrer ihre Leistungen nicht, wenn ihnen eine globale Beurteilung der Studierenden rückgemeldet wird. Eine Verbesserung lässt sich aber erzielen, wenn die Lehrevaluation auf konkrete Schwächen und Stärken ausgerichtet ist.

Konkretes Feedback ist leistungseffizient.

Abb. 12a   Schematischer Überblick über die Feedback-Interventions-Theorie (Kluger und DeNisi, 1996, S 268)

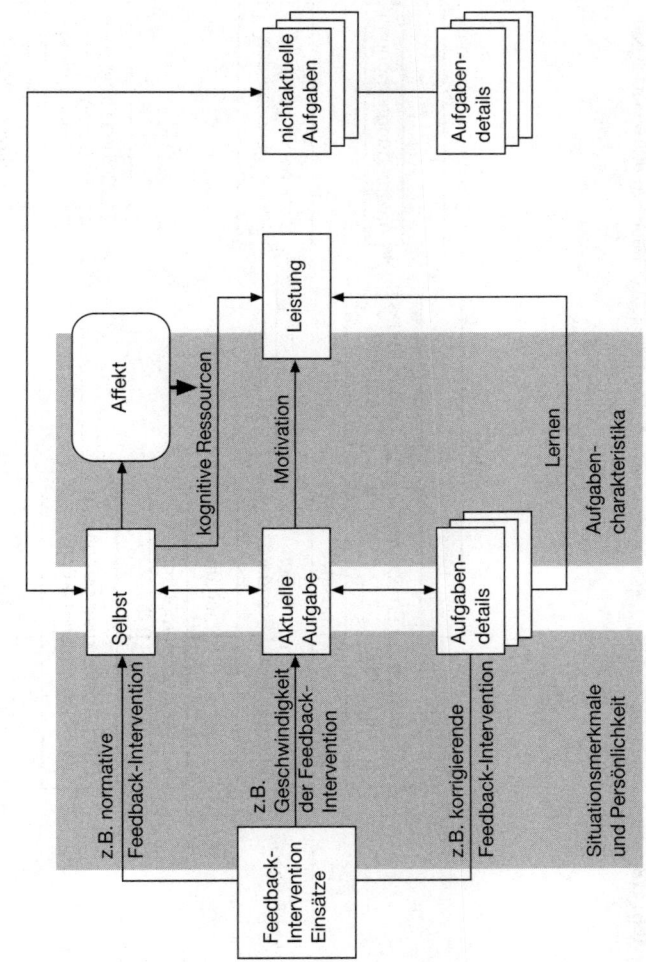

Abb. 12b   Effekte von Prozessen der Aufgabenmotivation und deren Leistungskonsequenzen (Kluger und DeNisi, 1996, S 264)

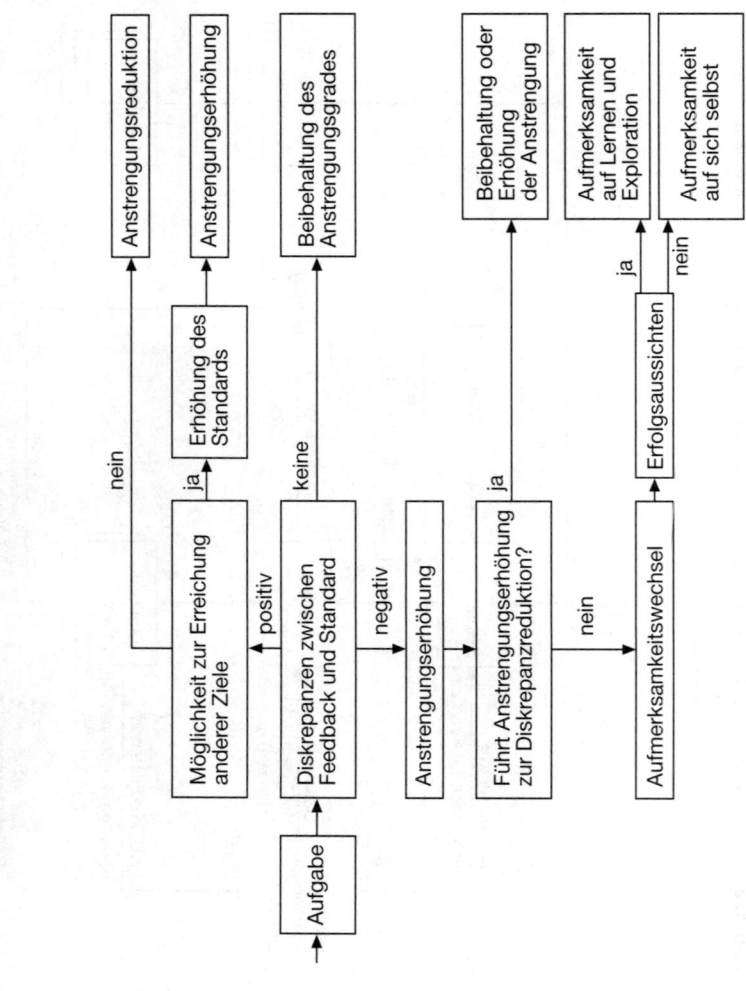

Abb. 12c Effekte von Lernprozessen und deren Leistungskonsequenzen (Kluger und DeNisi, 1996, S. 264)

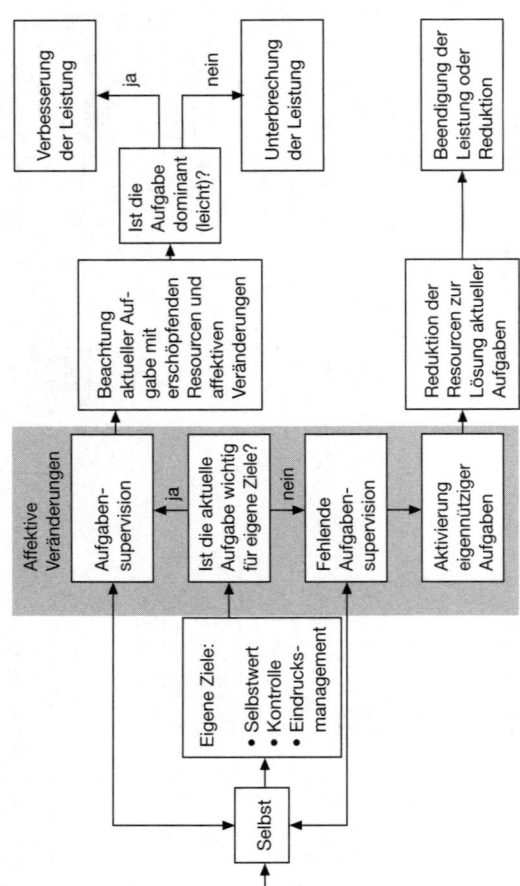

Abb. 12d Effekte von Metaaufgabenprozessen und deren Leistungskonsequenzen (Kluger und DeNisi, 1996, S 265)

Außer der Richtung der Aufmerksamkeit auf Aufgabenschritte, die Aufgaben insgesamt oder die Person selbst, stellt sich die Frage, ob positive oder negative Rückmeldungen unterschiedliche Wirkungen zeigen. Idson und Higgins (2000) präsentierten eine interessante Studie zur differentiellen Wirkung von positiven und negativen Rückmeldungen auf die Leistung. Dabei zeigte sich, dass

Positive und negative Rückmeldungen haben differentielle Wirkungen auf die Leistungen.

Personen, die vorwiegend auf die Zielerreichung konzentriert sind, eher durch positive Rückmeldungen motivierbar sind und ihre Leistung steigern können. Umgekehrt sind Personen, die vor allem Fehler vermeiden wollen, durch negative Rückmeldungen motivierbar. Wer fürchtet Fehler zu machen, kann Rückmeldungen über Fehler mehr handlungssteuernde Information entnehmen als Rückmeldungen über positive Handlungsergebnisse.

2.2.1 Praktische Anwendungen der Zielsetzungstheorie

Für die praktische Anwendung der Zielsetzungstheorie ergeben sich mannigfaltige Vorschläge:

- Ziele müssen repräsentativ für das Aufgabengebiet sein.
- Ziele dürfen nicht zueinander in Konflikt stehen.
- Ziel- und Belohnungssystem müssen übereinstimmen.
- Mitarbeiter wünschen sich mehr Feedback über ihre Leistung, als sie erhalten.
- Mitarbeiter wünschen Rückmeldung, die verhaltensbezogen und konstruktiv ist.
- Vorgesetzte sollten regelmäßig Rückmeldung bieten und sich bewusst sein, dass dies das Selbstwirksamkeitsgefühl der Mitarbeiter stärken kann und die Aussagen unterschiedlich interpretiert werden.
- Nicht nur Ergebnisse, sondern auch Prozessvariablen sollten rückgemeldet werden.

In der betrieblichen Praxis können verschiedene Formen der Führung durch Zielsetzung gelebt werden. Prinzipiell können folgende Formen unterschieden werden:

- Management durch Zielvorgabe, das die autoritäre Festsetzung der Ziele vorsieht
- Management durch Zielorientierung, was eine weniger autoritäre Form darstellt, weil Ziele als Orientierungshilfe gesehen werden und

In der betrieblichen Praxis sind Zielsetzungen ein probates Mittel der Führung.

- Management durch Zielvereinbarung. Dies gilt als besonders erfolgversprechende Führungsvariante (Peuntner, 1999).
- Wichtige Aspekte der Zielsetzungstheorie werden besonders im Management durch Zielsetzung (*Management by Objectives*), das auf Zielvereinbarungen basiert und im Führungsinstrument „Mitarbeitergespräch" berücksichtigt.

2.2.1.1 Management by Objectives

Der Begriff „Management by Objectives" wurde erstmals im Jahre 1954 von Peter Drucker geprägt und in seinem Buch „Die Praxis des Management" beschrieben. Von diesem Zeitpunkt an wurde das Konzept in der Praxis und in der Forschung gefeiert:

> „Was das Wirtschaftsunternehmen benötigt, ist ein Managementprinzip, das individueller Tüchtigkeit und Verantwortung weitest möglichen Spielraum lässt und gleichzeitig den Vorstellungen und Anstrengungen eine gemeinsame Richtung gibt, Teamarbeit einführt und die Wünsche des einzelnen mit dem allgemeinen Wohl harmonisiert. Das einzige Prinzip, das dies vermag, ist Management by Objectives und Selbstkontrolle" (Humble, 1973, S. 31).

„Management by Objectives oder Führung durch Zielsetzung ist ein umfassendes Managementkonzept, das auf der Annahme beruht, Führung über Ziele würde Initiative, Kreativität und Flexibilität der Mitarbeiter fördern. Dabei geht man davon aus, dass den Zielen bei Entscheidungen im Unternehmen eine besondere Bedeutung zukommt" (Peuntner, 1999, S. 486).

Die Grundgedanken des Management by Objectives besagen, dass aus den Unternehmenszielen auch die Ziele für die Mitarbeiter abgeleitet werden müssen, dass Ziel- statt Verfahrensorientierung relevant ist, die Leistungsbeurteilung auf Ist-Soll-Vergleichen basieren soll und eine regelmäßige Zielüberprüfung und -anpassung stattfinden muss.

Management by Objectives erfordert die Definition von Unternehmenszielen. Die Ziele müssen klar und konkret sein. Es ist daher nicht legitim zu sagen, die Produktivität müsse gesteigert werden. Vielmehr muss ein genaues Maß an Steigerung festgesetzt werden. Beispielsweise kann definiert werden, die Produktivität müsse um zehn Prozent erhöht werden. Die Mitarbeiter werden bei der Zielfestsetzung üblicherweise mit eingebunden. Die Ziele müssen innerhalb eines bestimmten, festgelegten Zeitraumes erfüllt werden. Die Mitarbeiter erhalten kontinuierliche Rückmeldung über ihre Leistung, damit sie ihre Handlungen gegebenenfalls korrigieren können. Die Rückmeldung wird oft in formalen Treffen geboten, wobei die bisherige Entwicklung und eventuelle Kursanpassungen besprochen werden. Solche Treffen finden sowohl

Management by Objectives erfordert die Definition von Unternehmenszielen.

unter den Führungskräften als auch innerhalb der einzelnen Abteilungen statt (Robbins, 2001).

Das Konzept des Management by Objectives ist deshalb attraktiv, weil übergeordnete Organisationsziele das Festlegen spezifischer Ziele von Abteilungen und die Ziele der einzelnen Mitarbeiter ermöglicht. Die Organisationsziele werden auf allen Betriebsebenen entsprechend definiert und in Subziele zerlegt, die wieder zu einem Gesamtziel koordiniert werden. Es entsteht also eine Hierarchie von Zielen, wobei die Ziele einer Ebene mit denen der nächsten verbunden sind. Da bei der Zielsetzung sowohl höheres als auch niedriges Management beteiligt sind, handelt es sich bei der Zielsetzung sowohl um einen „Top down" als auch um einen „Bottom up"-Prozess (Robbins, 2001).

Das Management by Objectives bietet eine Reihe von Chancen, wie etwa die Förderung des Teamgeistes, des Kostenbewusstseins und der Leistungsqualität. **Management by Objectives bietet Chancen.** Weiters eröffnen gemeinsame Zielsetzungen Raum für die Selbstentfaltung der Mitarbeiter. Außerdem schaffen Ziele die Möglichkeit zur Selbstkontrolle und die von den Mitarbeitern gesetzte Verpflichtung, vereinbarte Ziele zu erreichen, wirkt positiv auf die Leistungsmotivation.

Management by Objectives beinhaltet auch Risiken. Probleme drohen, wenn die einzelnen Arbeitsbereiche Ziele festlegen, **Management by Objectives beinhaltet Risiken.** die einander widersprechen und der Realisierung der Gesamtunternehmensziele zuwiderlaufen. Sogenannte Ressort-Egoismen können sich entwickeln. Derartige Probleme sind am besten durch bereichsübergreifende Projektgruppen oder durch entsprechende Anpassung der Organisationsstruktur zu lösen (Peuntner, 1999).

Wenn Zielsetzung als Führungskonzept in einem Unternehmen eingeführt werden soll, müssen Führungskräfte vor allem über das Konzept genau informiert werden, über Vorteile und Abläufe. Häufig wird ein Projektteam eingerichtet, das als ständiger Ansprechpartner im Unternehmen für die Mitarbeiter zur Verfügung steht. Das Projektteam kann beispielsweise Führungskräfte bei der Lösung verschiedener Probleme beraten und die Etablierung von Zielvereinbarungsgesprächen, die ein wesentliches Führungsinstrument darstellen, unterstützen. Aber auch die Mitarbeiter benötigen einen Ansprechpartner, der auf mögliche Auswirkungen des Management by Objectives, wie beispielsweise Restrukturierung der Organisation, Personalabbau etc., hinweist und potentiellen Widerständen schon im Vorfeld der Einführung entgegenwirkt. Im Folgenden ist eine Checkliste angeführt, die als Hilfestellung für die beteiligten Personen dienen kann, um Zielvereinbarungsgespräche effizient zu gestalten.

Checkliste für die Zielvereinbarung

Zielfixierung	Kompetenzen	Messen und Sicherstellen
• **Ziel:** Was soll erreicht werden? Wie lautet das konkrete Ziel (Nutzen, Sinn und Zweck, Endzustand)? • **Inhalt:** Was beinhaltet und was umfasst das Ziel? • **Maßnahmen:** Was muss im Einzelnen dafür getan werden, dass das Ziel erreicht werden kann? • **Rahmen:** Welchen Handlungsspielraum muss der Mitarbeiter haben, damit er selbstverantwortlich aktiv werden kann (Budget, Personal, Arbeitsmittel)? • **Zeitbedarf:** Bis zu welchem Zeitpunkt muss das Ziel erreicht sein?	• **Mitarbeiter/ Vorgesetzter:** Wer hat die Kompetenz, sich mit bestimmten Personen zusammenzusetzen, um das Ziel zu erreichen • **Ressourcen:** Wer darf welche Kompetenzen, Ressourcen, Mittel einsetzen? Wo liegen Grenzen? Welche Reserve besteht, falls die vorhandenen Mittel nicht ausreichen? • **Verantwortungen:** Wer trägt welche Verantwortung für welche Aktivitäten? • **Schnittstellen:** Welche zusätzlichen Regelungen müssen vereinbart werden? • **Rahmen:** Welcher Rahmen, welche Grenzen müssen eingehalten werden?	• **Messen:** Welche Kriterien (Statistiken, Tabellen, Vorjahresergebnisse u. a.) sind für die Messung der Zielerreichung heranzuziehen? • **Sicherstellen:** Welche Meilensteine müssen eingehalten werden, damit die schrittweise Erreichung der Ziele überprüft und damit sichergestellt werden kann? • **Kontrolltermine:** Welche Zwischentermine müssen vereinbart werden, damit der eingeschlagene Weg rechtzeitig bestätigt oder korrigiert wird. Wann ist der Endtermin?

Quelle: Bardens (2001)

Ein Beispiel für die Einführung von Zielvereinbarungsgesprächen in einem Betrieb berichten Sold und Uepping (1999). In der Absicht den Unternehmenserfolg zu steigern richtete das Stiftungsunternehmen Carl Zeiss für seine Führungskräfte ein Zielvereinbarungssystem ein, mit welchem auch eine variable Vergütung verbunden war. Um die Akzeptanz des neuen Systems zu erhöhen, wurde vorerst eine Pilotgruppe von 20 Führungskräften gebildet. Damit war es für den Servicebereich Personal als Koordinator des Projekts und die Führungskräfte möglich, erste Erfahrungen mit dem neuen System zu sammeln, Vorteile einzuschätzen und mit zunehmender Erfahrung Verbesserungen vorzuschlagen. In der Pilotphase stellten sich Zielvereinbarungsprozesse zwischen Vorgesetzten und der Führungskraft als besonders heikel dar. Bisher waren die Führungskräfte gewohnt, Unternehmensziele für den eigenen Bereich eigenverantwortlich zu entwickeln und strategisch umzusetzen. Nun erforderte das unternehmensweite Zielvereinbarungssystem ein hohes Maß an Abstimmung zwischen den verschiedenen Abteilungen. Bei Carl Zeiss finden in der Regel Gespräche statt, auf die sich beide Partner vorbereiten, ein Planungs- und ein Zielvereinbarungsgespräch. Die vereinbarten Ziele müssen mit den Unternehmens- und Bereichszielen übereinstimmen. Wichtig sind die klare Messbarkeit der Ziele durch entsprechende Kenngrößen und exakte Formulierungen. Die Gespräche zwischen Führungskräften und Vorgesetzten werden in einem von beiden Seiten unterzeichneten Zielvereinbarungsformular zusammengefasst. In diesem Formular sind die verschiedenen Ziele auch gewichtet. Um bei etwaigen Zielabweichungen erforderliche Gegenmaßnahmen rechtzeitig treffen zu können, sollten die Führungskräfte mit ihren Vorgesetzten regelmäßig den Erreichungsgrad der Ziele und Maßnahmevereinbarungen analysieren. Der Zeitpunkt der Zielvereinbarungsgespräche ist an den jährlichen Planungskalender des Unternehmens gekoppelt. Im Frühjahr erfolgt eine Drei-Jahres-Planung, was eine mittelfristige Zielausrichtung darstellt. Im Rahmen dieser Pläne werden im Herbst konkreten Planzahlen für das nächste Geschäftsjahr festgelegt. Die Zielvereinbarungsgespräche finden daran anschließend statt und müssen nach kurzer Zeit abgeschlossen sein. Durch die klare Zielstruktur gelingt es, Aufgaben und Maßnahmen der Mitarbeiter auf die Unternehmensziele auszurichten. Tätigkeiten innerhalb und zwischen verschiedenen Abteilungen werden aufeinander abgestimmt und Synergieeffekte genutzt, so dass das Unternehmensergebnis kontinuierlich verbessert wird.

Zielvereinbarungsgespräche sind in der Praxis häufig auch mit der Vereinbarung des variablen Gehalts, etwa Prämien, verbunden. Bardens (2001) schlägt für ein gut geführtes Zielvereinbarungsgespräch zehn Schritte vor:

1. Erläuterung von Gesprächsziel und -ablauf
2. Ermittlung der bisherigen Zielerreichung
3. Gemeinsames Erarbeiten der Gründe für Zielabweichungen
4. Ermittlung des variablen Entgelts
5. Vorstellen der Ziele des Unternehmens, des Bereichs und der Abteilung
6. Vorschläge des Mitarbeiters zu den künftigen Zielen
7. Ziele für die kommenden 12 Monate aus Sicht der Führungskraft
8. Zielvereinbarung
9. Vereinbarung zu den Voraussetzungen und Hilfestellungen
10. Koppelung der Zielvereinbarung an das variable Entgelt

2.2.1.2   Mitarbeitergespräche

In den vergangenen Jahren hat sich das Führungsinstrument „Mitarbeitergespräch" in vielen Betrieben und auch in der Verwaltung etabliert. Mitarbeitergespräche laufen nach klaren Regeln ab und dienen der Zielvereinbarung. Es wird sowohl auf die Erreichung früherer Ziele eingegangen als auch über mögliche Probleme und Schwierigkeiten gesprochen. Weiters werden die Tätigkeit des Mitarbeiters gewürdigt, Wünsche und Anliegen zur Sprache gebracht und Karrieremöglichkeiten aufgezeigt. Üblicherweise existiert ein Gesprächsleitfaden, der sowohl Vorgesetzten als auch Mitarbeitern dient, ein Gespräch vorzubereiten und zu strukturieren. Im Gespräch wird dann gemeinsam die Leistung der vergangenen Arbeitsperiode beurteilt und zu erwartende Ergebnisse werden definiert. Weiters werden Aufgaben geplant und gewichtet, so dass für die Zukunft klare Ziele festgelegt sind und die Zielerreichung beim nächsten Gespräch evaluiert und besprochen werden kann.

Mitarbeitergespräche laufen nach klaren Regeln ab und dienen der Zielvereinbarung.

Zweck des Mitarbeitergesprächs aus Unternehmenssicht ist die Vereinbarung von Maßnahmen, um die Unternehmensziele zu erreichen. Darüber hinaus bieten Mitarbeitergespräche den Mitarbeitern selbst die Möglichkeit, Missverständnisse über Aufgabenstellungen zu klären und eigene Ideen einzubringen. Zudem können Mitarbeiter Wünsche bezüglich ihrer beruflichen Entwicklung mit den Vorgesetzten besprechen.

Nachdem im Mitarbeitergespräch auf eine formale Leistungsbeurteilung verzichtet wird, müssen sich Mitarbeiter nicht in eine Verteidigungsposition gedrängt fühlen und können sich deshalb aktiv und produktiv am Gespräch beteiligen (Hengster und Krankl, 1998; Vollmer, 1984).

Probleme beim Einsatz von Mitarbeitergesprächen ergeben sich, wenn zu viele Ziele vereinbart werden, die Ziele der Mitarbeiter nicht entsprechend berücksichtigt werden, oder diese keine eigenen Ideen und Ziele einbringen. Weiters können Kommunikationsziele seitens der Führungskräfte verfehlt werden, wenn Mitarbeiter etwa zu spät informiert werden oder adäquate Feedback-Gespräche fehlen. Oftmals werden in Mitarbeitergesprächen Aufgaben beschrieben, anstatt Ziele zu vereinbaren, und manchmal gelingt es nicht, in zufriedenstellender Weise konkrete Ziele und Subziele zu definieren und die Beurteilung der Zielerreichung transparent zu machen. Jetter und Skrotzki (2000) führen etwas plakativ eine Reihe von

Es können sich Probleme beim Einsatz von Mitarbeitergesprächen ergeben.

weiteren Problemen bei Mitarbeitergesprächen an, die überlegt werden sollten:

Oftmals werden Zielvorgaben gemacht. Aber Zielvorgaben sind nicht Zielvereinbarungen und Zielvereinbarungen sind nicht Zielvereinbarungsgespräche. Zielvereinbarungsgespräche benötigen den durchgehenden Dialog durch Feedbackgespräche. Die Ziele stehen oft schon vor dem Gespräch fest. Dann wird über den Grad der Zielerreichung statt über den Weg gesprochen. Manchmal erleben sich die Vertragspartner nicht als gleichberechtigt, so dass „von oben nach unten gearbeitet" wird. Es gibt oft zu wenig kollektive Teamabsprachen und abteilungsübergreifende Vereinbarungen. Die kommunikativen und sozialen Kompetenzen der Mitarbeiter werden nicht gefördert. Schließlich werden Maßstäbe und Kriterien zur Beurteilung der Zielerreichung oft nicht vereinbart.

Ein Beispiel für die Nutzung des Mitarbeitergesprächs stammt von der Firma BauMax. Das Instrument wird bei BauMax seit 1992 eingesetzt und sollte zwei Mal jährlich zwischen Marktleitern und Mitarbeitern durchgeführt werden. Sowohl die Marktleiter als auch der Mitarbeiter sollten sich auf das Gespräch vorbereiten. Von der Personalabteilung der Firma BauMax wurde daher ein Leitfaden entwickelt, der den Marktleitern als Hilfestellung und Richtlinie bei der Durchführung dieses Instruments dient (Hengster und Krankl, 1998). Mitarbeitergespräche bei BauMax sind zweigeteilt: Im ersten Teil wird das Verhalten der Mitarbeiter in der Vergangenheit beurteilt. Im zweiten Teil werden die Ziele für zukünftige Perioden festgelegt. Mitarbeitergespräche werden schriftlich festgehalten, wobei neben Angaben zur Person, Verhaltenskriterien (z. B. Fähigkeiten und Fachkenntnisse, Belastbarkeit, kundenorientierte Handlungen, Teamorientierung, Verantwortungsbewusstsein) und Zielvereinbarung und -erreichung festgehalten werden. Bezüglich der Verhaltenskriterien besprechen Vorgesetzte und Mitarbeiter jene Aspekte, die für die Arbeitsverrichtung relevant sind. Die Ziele, die während eines Zeitintervalls erreicht werden sollen, werden vereinbart und ebenfalls protokolliert, wobei zwischen Soll- und Wahlzielen differenziert wird. Nachdem Zielvereinbarungen für ein Jahr getroffen wurden, sollte etwa nach einem halben Jahr eine Zwischenbilanz gezogen werden, welche die Möglichkeit zur Rückmeldung über erfolgreiche Arbeitsschritte und notwendige Korrekturen bietet. Das eigentliche Evaluationsgespräch der vergangenen Leistung sollte nach Ablauf eines Jahres erfolgen, in welchem die Zielerreichung und die Gründe für das Verfehlen von einzelnen Zielen besprochen und Möglichkeiten zur Verbesserung der Stärken sowie zur Korrektur von Schwächen aufgezeigt werden sollen. Außerdem sollten die Marktleiter ihre Mitarbeiter über Schulungsmöglichkeiten informieren.

Schließlich werden die Ziele für die nächste Periode festgelegt und die vereinbarten Maßnahmen wieder schriftlich fixiert. Eine Studie des Instruments „Mitarbeitergespräch" bei BauMax, an welcher 30 Mitarbeiter teilnahmen, ergab, dass durchaus motivierende Effekte gesehen werden. Mitarbeitergespräche wurden von den Mitarbeitern positiv bewertet. Ein Großteil der Mitarbeiter empfindet die Maßnahme als sehr sinnvoll und ist der Ansicht, dass vor allem die Zieldefinition motivierend wirkt (Hengster und Krankl 1998).

Weitere praktische Beispiele und Leitfäden für Mitarbeitergespräche von unterschiedlichen Firmen oder Beratungsunternehmen sind mittlerweile sehr leicht im Internet, etwa durch die Eingabe der Suchbegriffe „Mitarbeitergespräch" und „Leitfaden" aufzufinden.

2.3. Aktionale Phase: Handeln und Kontrolle

Leitfragen
- Warum wird der Odysseus-Mythos als handlungstheoretischer Archetyp bezeichnet?
- Was ist unter Volition zu verstehen?
- Welche Strategien stehen Personen zur Kontrolle von Handlungen zur Verfügung?
- Was ist unter Handlungs- versus Lageorientierung zu verstehen?
- Was ist unter Ausführungskontrolle und Selbstmanagement zu verstehen?
- Welche praktischen Konsequenzen ergeben sich aus der Handlungs- und Ausführungskontrolle?

Mit der Umsetzung einer Intention in Handlungen und der Aufrechterhaltung des Handelns bis zur Zielerreichung sind nach Kuhl (1983) eine Reihe von Prozessen verbunden, die er als Handlungskontrolle – im Gegensatz zur kognitiv begründeten Ausführungskontrolle nach Hacker (1998) – bezeichnet. Die *Theorie der Handlungskontrolle* geht der Frage nach, wie Intentionen angesichts konkurrierender Ziele, die ebenfalls zur Realisierung drängen, in Handlungen umgesetzt werden, und wie es möglich ist, dass eine bestimmte Intention bis zur Realisierung durch Kontrolle der Gedanken, Aufmerksamkeit etc. aufrecht erhalten wird. Es wird versucht zu beantworten, wie es zur

Initiierung von Handlungen und zur Persistenz von Handlungen bis zur Zielerreichung kommt.

Grundüberlegung der Handlungstheorie ist, dass Menschen überzeugt sind, dass ihre Handlungen zu Zielen führen, und nicht die fatalistische Einstellung haben, wonach das Schicksal vorherbestimmt sei. Der mythologische Repräsentant des autonom handelnden Menschen ist Odysseus. In der Wissenschaft wird der Odysseus-Mythos vielfach als handlungstheoretischer Archetyp bezeichnet.

> **Der Odysseus-Mythos ist der handlungstheoretische Archetyp.**

Odysseus verkörpert die Idee des selbstbestimmten Menschen, der nicht mehr dem Schicksalsglauben der Götter folgt, sondern auf sich selber vertraut. Der Plan und das Handeln Odysseus', sich und seine Gefährten aus der Höhle des menschenfressenden Kyklopen Polyphem zu befreien, stellt den Prototyp zielorientierten Handelns dar. Während sich der Kyklop in der Pseudo-Gewissheit wiegt, dass der Stein, der den Höhleneingang versperrt, für die Gefangenen nicht zu bewegen ist, ersinnt Odysseus eine List. Er löst sich innerlich aus der momentanen Situation, erdenkt symbolisch Rettungsstrategien, entwirft mental eine Handlung, spielt verschiedene Varianten der Flucht durch und antizipiert die möglichen Folgen. Die Distanzierung zwischen Person und umgebender Welt, die Konstruktion einer symbolischen Zwischenwelt, in der zur Antizipation der Handlungsfolgen probegehandelt werden kann und die intendierte Umsetzung des operationalen Entwurfs gelten als prototypische Bausteine einer Handlungstheorie. Wer überzeugt ist, etwas unter die eigene Kontrolle zu bekommen, was zuvor ihn kontrolliert hat, wer sich selbst zum Operationszentrum macht und Handlung als Freiheit der Wahl betrachtet, realisiert den Traum des sich selbst steuernden, autonomen abendländischen Menschen (Obliers, Vogel und von Scheidt, 1996, S. 71).

Ob eine Person trotz mancher Rückschläge zielgerichtete Handlungen beibehält und nicht aufgibt, hängt nicht nur von der Überzeugung ab, das eigene Schicksal selbst in der Hand zu haben, sondern auch vom Willen, das Ziel zu erreichen. Der Willens- oder Volitionsbegriff hat in der Geschichte der Psychologie unterschiedliche Bedeutung erfahren. Zum einen wurde die befehlsartige Durchsetzung eines Ziels verbunden mit der konsequenten Unterdrückung konkurrierender Ziele gemeint, also der imperative Bedeutungsgehalt betont.

> **Der Willens- oder Volitionsbegriff hat in der Geschichte der Psychologie unterschiedliche Bedeutung erfahren.**

Zum anderen meint Volition eine bestimmte Phase in einer postulierten Sequenz von motivationalen Vorgängen. Volition tritt in der Phase der Umsetzung zielgerichteter Handlungsabsichten auf. Volitionsvorgänge, die für die Planung und Ausführung von Handlungen verantwortlich sind, folgen im Rubikon-Modell stets den Motivationsvorgängen, dem Abwägen und Wählen (Heckhausen und Gollwitzer, 1987). In sequentiellen Volitionsmodellen ist Volition die für Handeln zentrale zuständige Funktion. Der Übertritt in diese Funktion wird je nach Theorie als Entschluss, Intention, Absicht oder Zielintention bezeichnet.

Weinert (1987, zitiert nach Sokolowski, 1996) unterscheidet vier Gruppen von verwandten Willensmetaphern:

- Wille kann als *Kraft* definiert werden oder
- als *formales Prinzip*. Wille kann als steuerndes Prinzip im Entscheidungsprozess oder – bildlich gesprochen – als Steuermann oder Dirigent gesehen werden. Weiters kann der Wille als bündelndes Regulationsprinzip bei der Handlungsausführung oder – wieder bildlich gesprochen – als das Brennglas, das die sich sonst zerstreuenden Strahlen auf einen Punkt konzentriert, betrachtet werden.
- Wille gilt auch als *Kontrollinstanz*, die triebhafte Regungen kanalisiert und auf erwünschte Ziele lenkt.
- Wille kann schließlich als *Zäsur* definiert werden, die durch einen Entschluss charakterisiert wird. Bildlich kann davon gesprochen werden, dass mit dem Willen zu einer Handlung „der Rubikon überschritten wird".

Mit dem Willen zum Handeln werden Handlungsschritte gesetzt. Zu einer Handlung fasst Heckhausen (1989) all jene Aktivitäten zusammen, denen letztlich die gleiche „Zielvorstellung" zugrunde liegt. Zielvorstellungen können mental unterschiedlich klar repräsentiert sein.

Kuhl und Waldmann (1985, zitiert nach Westermann und Heise, 1996) unterscheiden vier Gruppen von psychologischen Ansätzen, die jeweils verschiedene Aspekte des komplexen Phänomens Handeln beinhalten:

- Entscheidungstheorien, erklären durch Nutzenmaximierungsprinzipien die Wahl zwischen Handlungsalternativen und Handlungsabsichten.
- Willensmodelle beschäftigen sich mit der Abschirmung aktueller Handlungsabsichten gegen konkurrierende Tendenzen.
- Regulationsmodelle betreffen hierarchische Pläne, die den Handlungsabläufen zugrunde liegen, und
- dynamische Handlungsmodelle beschreiben die Veränderungen verschiedener Handlungstendenzen über die Zeit.

Im Rubikon-Modell bildet die Handlungsinitiierung die Grenze zwischen präaktionaler und aktionaler Volitionsphase. Charakteristisch für diese Phase ist das zielorientierte Handeln. Zielführende Handlungen werden realisiert, sobald sich eine günstige Gelegenheit dafür bietet. Nach Beginn der Handlung liegt der Fokus auf dem effizienten Erreichen des erwünschten Handlungsergebnisses. Dabei spielt auch die Volitionsstärke verglichen mit der Volitionsstärke anderer konkurrierender Zielintentionen eine wesentliche Rolle.

2.3.1 Handlungskontrolle

In der Theorie der Handlungskontrolle versucht Kuhl (1987, siehe auch Nerdinger, 1995) zu klären, wie und vor allem wann Intentionen angesichts konkurrierender Ziele, die ebenfalls zur Realisierung drängen, in Handlungen umgesetzt werden und was dazu beiträgt, dass bestimmte Handlungen bis zur Zielerreichung beibehalten werden.

Kuhl verweist auf die Notwendigkeit, zwischen motivationalen und volitionalen Prozessen zu unterscheiden. Im Rubikon-Modell werden Selektions- als Motivationsprozesse und Realisierungs- als Volitionsprozesse bezeichnet. Mit der Auswahl einer Handlungsinitiative durch den Prozess der Motivation ist noch nicht die Verwirklichung der Handlungsschritte gemeint. Erst durch Volitionsprozesse werden zielgerichtete Handlungsschritte gesetzt.

Der Intentionscharakter einer Handlung regt eine Reihe von Vermittlungsprozessen an, welche die Umsetzung der Intention in Handlung, die Aufrechterhaltung des Handelns bis zu dessen Zielerreichung, gewährleisten sollen. Kuhl unterscheidet Vermittlungsprozesse der Handlungskontrolle von Prozessen der Ausführungskontrolle (siehe Heckhausen, 1989).

Es werden verschiedene Handlungskontroll- beziehungsweise Willensstrategien unterschieden, welche die Initiierung von Handlungen und die Realisierung der damit verbundenen Ziele fördern können. Koordinationsprozesse, die einzelne Handlungen oder Handlungselemente vorbereiten und nachregulieren, lassen sich nach Kuhl (1983) als nicht bewusst repräsentierte Mechanismen oder als bewusst einsetzbare Strategien zur **Verschiedene Strategien können die Realisierung von Zielen fördern.** Handlungskontrolle beschreiben. Folgende sieben Strategien können die Initiation und Beibehaltung von Handlungen und der damit verbundenen Ziele fördern:

- Motivationskontrolle: Wenn Widerstände auftreten, müssen diese willentlich unterdrückt werden, etwa durch Vergegenwärtigung der Zielfolgen, um das Ziel zu erreichen.

- Emotionskontrolle: Förderliche Emotionen werden willentlich hervorgerufen; z. B. Freundlichkeit im Umgang mit Kunden. Hinderliche Emotionen werden unterdrückt.

- Aufmerksamkeitskontrolle: Die selektive Aufmerksamkeit muss auf solche Informationen konzentriert werden, die den angestrebten Zielen förderlich sind.

- Enkodierkontrolle: Von den aufgenommenen Informationen werden diejenigen vertieft bearbeitet, die mit dem Ziel in Verbindung stehen.

- Umweltkontrolle: Ablenkungen vom Ziel müssen unterbunden werden, beispielsweise durch die Entfernung von Süßigkeiten, wenn eine Person abnehmen will.

- Sparsame Informationsverarbeitung: Nicht alle Informationen sollten gesammelt, verarbeitet etc. werden, sondern nur die wichtigsten, um zu einer Handlung zu kommen.

- Misserfolgskontrolle: Misserfolge können eintreten. Langes Grübeln kann von der weiteren Zielrealisierung abhalten.

Nachdem der Kontrollmodus interindividuell und situationsabhängig variiert, ist die Fähigkeit, Entscheidungen zum Abschluss zu bringen, Handlungen zu initiieren, auf Zielkurs zu halten sowie handlungshinderliche Intentionen zu deaktivieren von Personen zu Person und von Situation zu Situation unterschiedlich. Empirisch wurden die einzelnen Prozesse wenig untersucht, wohl aber zwei Arten der Handlungskontrolle, nämlich Handlungs- und Lageorientierung (Kuhl 1994; Kuhl und Beckmann, 1994): Handlungsorientierte Menschen sind fähig, ihre Entscheidungen in Handlungen umzusetzen und diese auch unter widrigen Umständen zu realisieren (Nerdinger, 1995). Sie drängen auf die Umsetzung des Intendierten in Handlungen, sind sich ihrer Ziele bewusst und verfolgen sie selbstgesteuert mit flexiblen Mitteln. Von Handlungsorientierung wird dann gesprochen, wenn die Aufmerksamkeit auf folgende vier Aspekte annähernd gleich verteilt ist: den Soll-Zustand (beispielsweise die Lösung eines Problems), den aktuellen Ist-Zustand (z. B. Misserfolg bei einer Aufgabe) die Diskrepanz zwischen Ist- und Soll-Zustand und die Handlungsmöglichkeiten, den Soll-Zustand zu erreichen (Herkner, 1991).

Handlungsorientierte Menschen drängen auf die Umsetzung des Intendierten in Handlungen.

Lageorientierte Menschen hängen bei Missgeschicken ihren Gedanken nach.

Von Lageorientierung wird gesprochen, wenn Menschen bei Missgeschicken ihren Gedanken nachhängen, die sich auf gegenwärtige, zukünftige oder vergangene Situationen beziehen. Lageorientierung ist durch

Zögern, Passivität, durch die Tendenz zum Handlungsabbruch und einer verminderten Effizienz des volitionalen Systems gekennzeichnet. Lageorientierte Menschen verweilen gedanklich zu lang in vergangenen, aktuellen oder künftigen Situationen, ohne einen Handlungsplan zur Änderung in Angriff zu nehmen (Nerdinger, 1995). Kuhl (1996) unterscheidet zwischen verschiedenen Formen der Lageorientierung:

- Prospektive Lageorientierung beschreibt die Tendenz zur Handlungslähmung, langem Zögern, das mit Realisierungsdefiziten zusammenhängt und dadurch sichtbar wird, dass die Entscheidungszeiten verlängert sind.

- Ausführungsbezogene Lageorientierung oder Volatility (Flüchtigkeit) bedeutet, dass die Aufrechterhaltung kontextadäquater Intentionen bis zur Zielerreichung Probleme bereitet.

- Misserfolgsorientierte Lageorientierung ist durch perseverierende Gedanken, die meist nach Misserfolgserlebnissen auftreten, gekennzeichnet. Langes Grübeln hemmt zielgerichtetes Handeln.

Julius Kuhl entwickelte den Fragebogen zur Erfassung dreier Komponenten der Handlungs- versus Lageorientierung. Die drei Subskalen erfassen Handlungsorientierungen bei der Entscheidungsfindung, Ausführung von Handlungen und Misserfolgsverarbeitung. Um das Handlungsorientierungskonzept von Kuhl besser kennen zu lernen, sind einige Items aus dem Fragebogen (nach Puca, 1996) beispielhaft wiedergegeben.

> **Julius Kuhl entwickelte den Fragebogen zur Erfassung dreier Komponenten der Handlungs- versus Lageorientierung.**

Vor allem in der misserfolgsbezogenen Dimension unterscheiden sich Personen: Handlungsorientierte Personen können Misserfolge leichter verarbeiten und somit schneller wieder zur Tat schreiten als lageorientierte. Dabei drückt sich Lageorientierung nicht nur im Grübeln und Verharren aus, sondern auch dadurch, dass Ziele nicht losgelassen werden können, wenn sich diese als nicht realisierbar erweisen.

Durch das Bearbeiten von Fragebogen 2 kann Einblick in die eigene Tendenz zur Handlungs- und Lageorientierung gewonnen werden.

Fragebogen 2   Ausschnitt aus dem Fragebogen zur Erfassung der Lage- versus Handlungsorientierung (aus Puca, 1996)

Bitte lesen Sie die folgenden Sätze aufmerksam durch und kreuzen Sie diejenige der beiden Antwortmöglichkeiten (a oder b) an, die für Sie am ehesten zutrifft.

1) Wenn ich etwas Wertvolles verloren habe und jede Suche vergeblich war, dann
   a. kann ich mich schlecht auf etwas anderes konzentrieren,
   b. denke ich nicht mehr lange darüber nach.

2) Wenn ich weiß, dass etwas bald erledigt werden muss, dann
   a. muss ich mir oft einen Ruck geben, um den Anfang zu kriegen,
   b. fällt es mir leicht, es schnell hinter mich zu bringen.

3) Wenn ich ein neues, interessantes Spiel gelernt habe, dann
   a. habe ich auch bald wieder genug davon und tue etwas anderes,
   b. bleibe ich lange in das Spiel vertieft.

4) Wenn ich vier Wochen lang an einer Sache gearbeitet habe und dann doch alles misslungen ist, dann
   a. dauert es lange, bis ich mich damit abfinden kann,
   b. denke ich nicht mehr lange darüber nach.

5) Wenn ich nichts Besonderes vorhabe und Langeweile habe, dann
   a. kann ich mich manchmal nicht entscheiden, was ich tun soll,
   b. habe ich meist rasch eine neue Beschäftigung.

6) Wenn ich für etwas mir Wichtiges arbeite, dann
   a. unterbreche ich gern zwischendurch, um etwas anderes zu tun,
   b. gehe ich so in der Arbeit auf, dass ich lange Zeit dabei bleibe.

7) Wenn ich bei einem Wettkampf öfter hintereinander verloren habe, dann
   a. denke ich bald nicht mehr daran,
   b. geht mir das noch eine ganze Weile durch den Kopf.

8) Wenn ich ein schwieriges Problem angehen will, dann
   a. kommt mir die Sache vorher wie ein Berg vor,
   b. überlege ich, wie ich die Sache auf eine einigermaßen angenehme Weise hinter mich bringen kann.

9) Wenn ich einen interessanten Film sehe, dann
   a. bin ich meist so vertieft, dass ich gar nicht an den Gedanken komme, zu unterbrechen,
   b. habe ich zwischendurch trotzdem Lust zu unterbrechen und etwas anderes zu machen.

10) Wenn mir ein neues Gerät versehentlich auf den Boden gefallen ist und nicht mehr zu reparieren ist, dann
   a. finde ich mich rasch mit der Sache ab,
   b. komme ich nicht so schnell darüber hinweg.

11) Wenn ich ein schwieriges Problem lösen muss, dann
   a. lege ich meist sofort los,
   b. gehen mir zuerst andere Dinge durch den Kopf, bevor ich mich richtig an die Aufgabe heranmache.

12) Wenn ich mich lange Zeit mit einer interessanten Sache beschäftige (z. B. ein Buch, eine Bastelarbeit o. ä.), dann
   a. denke ich manchmal darüber nach, ob diese Beschäftigung auch wirklich nützlich ist,
   b. gehe ich meist so in der Sache auf, dass ich gar nicht daran denke, wie sinnvoll sie ist.

13) Wenn ich jemanden, mit dem ich etwas Wichtiges besprechen muss, wiederholt nicht zu Hause antreffe, dann
   a. geht mir das oft durch den Kopf, auch wenn ich mich schon mit etwas anderem beschäftige,
   b. blende ich das aus, bis die nächste Gelegenheit kommt, ihn zu treffen.

14) Wenn ich vor der Frage stehe, was ich in einigen freien Stunden tun soll, dann
   a. überlege ich manchmal eine Weile, bis ich mich entscheiden kann,
   b. entscheide ich mich meist ohne Schwierigkeit für eine der möglichen Beschäftigungen.

15) Wenn ich einen interessanten Artikel in der Zeitung lese, dann
   a. bin ich meist sehr in das Lesen vertieft und lese den Artikel zu Ende,
   b. wechsle ich trotzdem oft zu einem anderen Artikel, bevor ich ihn ganz gelesen habe.

16) Wenn ich nach einem Einkauf zu Hause merke, dass ich zu viel bezahlt habe, aber das Geld nicht mehr zurückbekomme,
   a. fällt es mir schwer, mich auf etwas anderes zu konzentrieren,
   b. fällt es mir leicht, die Sache auszublenden.

17) Wenn ich eigentlich zu Hause arbeiten müsste, dann
   a. fällt es mir oft schwer, mich an die Arbeit zu machen,
   b. fange ich meist ohne weiteres an.

18) Auf einer Urlaubsreise, die mir recht gut gefällt,
   a. habe ich doch nach einiger Zeit Lust, etwas ganz anderes zu machen,
   b. kommt mir bis zum Schluss nicht der Gedanke, etwas anderes zu machen.

19) Wenn meine Arbeit als völlig unzureichend bezeichnet wird, dann
   a. lasse ich mich davon nicht lange beirren,
   b. bin ich zuerst wie gelähmt.

20) Wenn ich sehr viele wichtige Dinge zu erledigen habe, dann
   a. überlege ich oft, wo ich anfangen soll,
   b. fällt es mir leicht, einen Plan zu machen und ihn auszuführen.

21) ...

Die jeweilige Disposition lässt sich anhand der Häufigkeit von Lage- beziehungsweise Handlungsorientierung schätzen. Beispielsweise deuten die Antwortalternativen 1a, 2a, 3b, 4a, 5a, 6b, 7b, 8a, 9a, 10b, 11b, 12b, 13a, 14a, 15a, 16a, 17a, 18b, 19b und 20a auf Lageorientierung hin; die anderen Alternativen deuten auf Handlungsorientierung hin.

(Quelle des Fragebogens: Puca, R. M. (1996). Motivation diesseits und jenseits des Rubikon. Dissertation an der Bergischen Universitäts-Gesamthochschule Wuppertal, Deutschland).

Die Bedeutung der „Handlungskontrolle" hat sich in den Arbeiten Kuhls geändert. 1987 bezeichnet er Handlungskontrolle (action control) als „the maintenance and protection of an activated intention" (Kuhl, 1987; zitiert nach Puca, 1996). Handlungskontrolle kann dabei sowohl aktiv als auch passiv ablaufen. Ab 1995 bezieht sich Kuhl auf Handlungskontrolle unter dem Begriff der Handlungssteuerung beziehungsweise Selbststeuerung. Handlungskontrolle beziehungsweise Selbstkontrolle stellen nur noch eine von drei Formen von Selbststeuerung dar. Zur Selbststeuerung zählen alle jene Funktionen, „... welche die Koordination von psychischen Prozessen so leisten, dass die Umsetzung einer Absicht und die aus ihr resultierenden konkreten Ziele optimiert wird" (Kuhl, 1995, zitiert nach Puca, 1996).

2.3.2 Ausführungskontrolle

Prozesse der Selbstregulation helfen, Ziele über die Zeit sowie über wechselnde Situationen hinweg zu verfolgen.

Prozesse der Ausführungskontrolle regeln Schritt für Schritt den Ablauf einer Handlung. In der Theorie der Selbstregulation wird zu erklären versucht, wie Ziele durch konkretes Handeln erreicht werden (Kuhl, 1983, zitiert nach Nerdinger, 1995). Dabei werden Prozesse der Selbstregulation thematisiert, die Personen in die Lage versetzt, ihre Ziele über die Zeit sowie über wechselnde Situationen hinweg zu verfolgen. Unter Regulation wird dabei die Modulation von Gedanken, Affekten, Verhalten und der Aufmerksamkeit durch willentlichen oder automatischen Gebrauch spezieller psychologischer Mechanismen verstanden.

Der Beginn eines Selbstregulationsprozesses ist durch zwei Bedingungen gekennzeichnet: Eine Person verfügt zwar über Zielperspektiven, aber zielführende automatisierte Verhaltensketten sind nicht verfügbar. In diesem Fall wird die Steuerung des Handelns als Prozess von Feedback und Feedforward modelliert. Die Zielorientierung von Handlungen erfolgt aus dem Wissen um die Ergebnisse und Zwischenergebnisse von Handlungen (Feedback) und dem Ungleichgewicht aus dem Vergleich mit internen Standards (Feedforward). Ziele haben die Funktion von Referenzwerten oder Vergleichsstandards.

Basierend auf dem therapeutisch orientierten Ansatz des Selbstmanagements (Kanfer und Kanfer, 1991) und der sozial-kognitiven Theorie von Bandura (1991) werden im Prozess der Selbstregulation drei wesentliche psychologische Subfunktionen, Selbstbeobachtung, Selbstbewertung und Selbstreaktion, unterschieden.

(a) Erfolgreiche Selbstregulation hängt von der Zuverlässigkeit, Konsistenz und zeitlichen Nähe der *Selbstbeobachtung* des eigenen Handelns in bestimmten Situationen ab. Werthaltungen, Selbstbild sowie aktuelle Stimmungen beeinflussen vielfach jene Aspekte, die im Zentrum der Aufmerksamkeit stehen. Selbstdiagnose und Erkennen der Tendenzen der Selbstmotivation sind zwei wichtige Funktionen der Selbstbeobachtung. Systematische Beobachtung der eigenen Gedanken, Verhaltensweisen, Reaktionen usw.

Selbstregulation basiert auf Selbstbeobachtung, Selbstbewertung und Selbstreaktion.

kann wichtige selbstdiagnostische Informationen bringen. Wer durch Selbstbeobachtung verhaltensmodifizierende Strategien erlernt hat, kann sein Verhalten in entsprechenden Situationen besser kontrollieren und angemessen reagieren. Selbstmotivierende Tendenzen und Selbstbekräftigung spielen vor allem im Leistungsbereich eine wichtige Rolle.

(b) Die *Selbstbewertung* einer beobachtbaren Handlung (z. B. Rückmeldung über Leistungsfortschritt) beeinflusst wesentlich den weiteren Verlauf dieser Handlung und determiniert Beibehaltung oder Abbruch der Handlung. Bewertungen lassen sich als Vergleich des Beobachteten mit persönlichen Standards oder Zielen erklären. Solche Standards werden nach Bandura (1986) auf der Basis von drei Informationsquellen entwickelt:

* Direkte Erfahrung: Beobachtung von Reaktionen, die wichtige Personen über das Verhalten des Betreffenden gemacht haben
* Stellvertretende Erfahrung: Beobachtung des Verhaltens anderer in vergleichbaren Situationen
* Instruktion: Direkte Vermittlung von Standards im Rahmen von Trainings, z. B. Aus- und Weiterbildung

Standards werden nicht passiv übernommen, sondern aufgrund dieser drei Informationsquellen aktiv konstruiert.

(c) Die Bewertung des eigenen Handelns in einer bestimmten Situation bildet die Basis für *Selbstreaktion*, Selbstverstärkung durch Belohnung oder Bestrafung. Selbstreaktion erfüllt eine bedeutende motivationale Funktion bei der Selbstregulation des Handelns. Durch Selbstbekräftigungen, das heißt selbst verabreichte Belohnungen bei Erreichen des erwünschten Ziels beziehungsweise Bestrafung bei Nicht-Erreichen des Ziels, sinkt die Wahrscheinlichkeit, dass in einer vergleichbaren Situation ähnliches erfolgloses Verhalten gezeigt wird.

Selbstregulation kann durch das Bewusstmachen bestehender persönlicher Standards und durch explizite Zielsetzungen verbessert werden. Techniken dazu werden allgemein unter dem Begriff „Selbstmanagement" zusammengefasst.

Techniken der Selbstregulation finden in Selbstmanagement-Trainings praktische Anwendung.

Die praktische Anwendung in Selbstmanagement-Trainings umfasst meist sechs Komponenten, wobei deren Gewichtung je nach Fragestellung unterschiedlich sein kann:

- Selbsteinschätzung: Daten über eigene Verhaltensweisen werden systematisch gesammelt. Sie dienen als Grundlage für die spätere Selbstbewertung und Selbstbekräftigung. Dadurch entsteht Einsicht über die Ursachen des eigenen Verhaltens, kritische Verhaltensweisen werden ermittelt und Änderungen antizipiert.
- Zielsetzung: Nachdem Verhaltensweisen ermittelt wurden, die zu ändern sind, werden Ziele der Änderung gesetzt.
- Selbstüberwachung: Mit einem eigens gewählten Messinstrument, das auf individuelle Präferenzen Rücksicht nimmt (z. B. Tagebücher, Listen oder Diagramme, Ereignisbeschreibungen), werden die Häufigkeit des Verhaltens, das in den Überlegungen zur Zielsetzung relevant erschien, dessen Dauer und Intensität aufgezeichnet.
- Selbstbekräftigung stellt den zentralen motivationalen Aspekt dar. Durch Selbstbekräftigung wird gelernt, sich selbst zu belohnen, wenn Ziele erreicht oder wünschenswerte Verhaltensweisen gesetzt wurden.
- Schriftliche Kontrakte: Maßnahmen, die zur Zielerreichung führen, wie die Definition von Zielen, Handlungen zur Zielerreichung und Selbstbelohnung sowie -bestrafung, werden „vertragsmäßig" festgelegt. Wie in der Verhaltenstheorie oft vorgeschlagen, schließen Personen mit sich selbst einen Vertrag ab.
- Aufrechterhaltung: Die im Training neu erlernten Verhaltensweisen müssen in der Praxis so lange geübt werden, bis sie automatisiert sind.

2.3.3   Praktische Anwendungen der Handlungstheorie

Die Erkenntnisse aus der Volitionsforschung werden auch in der betrieblichen Praxis angewendet. Ein fester Bestandteil moderner Unternehmensstrategien sind Qualifizierungsmaßnahmen für Führungskräfte. In vielen Weiterbildungsprogrammen wird mehr oder weniger explizit Bezug auf Theorien der Selbstregulation genommen, wie beispielsweise in Trainingskonzepten zum „Zeitmanagement" (Rühle, 1991, zitiert nach Nerdinger, 1995).

Trainings zum Zeitmanagement halten Arbeitstätige dazu an, über das „Wie" ihrer Arbeitsverrichtung zu reflektieren und zu überlegen, wie sie ihre Zeitverwendung optimieren können. Üblicherweise werden dazu Zeitprotokolle angefertigt, indem man die täglichen und wöchentlichen Aufgaben aufschreibt, sich über Ablenkungen und der notwendigen Zeit zur Erholung Klarheit verschafft und die verschiedenen Ziele in **Zeitmanagement-Konzepte wollen die Zeitverwendung optimieren helfen.** dringende und weniger dringende, wichtige und unwichtige einteilt. Dies ermöglicht die anschließende Prioritätensetzung. Außerdem wird zu einer strategischen Planung der Ziele und der Arbeitsabläufe geraten. Ziele sollten ganz im Sinne der Zielsetzungstheorie eindeutig und messbar sein. Zeithorizonte und Aktionspläne sollten überlegt werden. Weiters ist eine taktische Planung notwenig, welche die Differenzierung in kurz-, mittel- und langfristige Ziele vorsieht. Außerdem müssen Pufferzeiten berücksichtigt werden, denn Unterbrechungen und Störungen sind oft nicht planbar. In Zeitmanagementtrainings wird darauf aufmerksam gemacht, dass manche Antriebsmittel eigentlich blockieren: Beispielsweise sind die Forderungen, immer perfekt zu sein, keine Fehler zu machen, immer schnell und effizient zu arbeiten, sich immer intensiv anzustrengen oder immer allen Mitarbeitern und Vorgesetzen alles recht zu machen, fürwahr nicht motivierend. Persönliches Scheitern, Frustration, Hektik usw. können leicht die Handlungsausführung blockieren. In Tabelle 1 sind einige Antriebs- und Blockadeinstrumente zusammengefasst, Maßnahmen zur Bewältigung aufgezählt und typische Zeitfresser angeführt.

Tabelle 1   Beispiele für Antriebs- und Blockadeinstrumente, Bewältigungsmaßnahmen und typische Zeitfresser

---

Antriebs- und Blockadeinstrumente

- „Sei immer perfekt!", „Mach keinen Fehler!" Das Streben nach totaler Perfektion, Vollkommenheit und Gründlichkeit in allem, was getan wird, und die Meinung, jeder Fehler sei ein Beweis persönlichen Scheiterns, sind sichere Vorboten von Frustration und Erschöpfung.
- „Mach immer schnell!" artet in Hektik aus. Außerdem besteht die Gefahr, dass in der Schnelligkeit wichtige Aspekte der Arbeit übersehen werden. Die Korrektur von Fehlern kostet schließlich mehr Zeit, als mit der Geschwindigkeit gewonnen werden konnte.
- „Streng dich immer an!" Wird jede Aufgabe zum „Jahrhundertwerk", wird die Gefahr groß, dass bald vor „lauter Bäumen der Wald nicht mehr gesehen wird".
- „Mach es allen recht!" ist ein Befehl, der nicht ausführbar ist. Wer von allen geliebt und geschätzt werden will und nicht „nein" sagen kann oder lernt, erstickt leicht in Arbeit und macht es schließlich niemandem recht.
- „Sei immer stark!" Haltung bewahren, sich keine Blöße geben, Vorbild für andere sein, verlangen übertriebene Härte und eiserne Konsequenz. Kompromisse werden als Schwäche gewertet, Hilfe als Eingeständnis der Schwäche und Kontrolle als ständig notwendiges Führungsinstrument. Dass Kooperation unter diesen Befehlen schwierig ist und Verhandlungen oft aufgrund zähen Beharrens scheitern, liegt auf der Hand.

Bewältigungsmaßnahmen

- Zeitprotokolle können helfen, einige wenige, überschaubare Tätigkeitspakete für den Arbeitsalltag zusammenzustellen.
- Zieldefinitionen dienen dazu festzustellen, für welche Aufgaben wie viel Zeit aufgewendet werden sollte und welche Aufgaben zu viel Zeit in Anspruch nehmen und deshalb ineffiziente Arbeit bedeuten.
- Klare Prioritäten nach Wichtigkeit und Dringlichkeit der Aufgaben helfen nicht nur eine Übersicht über die gesamten Aufgaben zu erstellen, sondern geben auch vor, welche Aufgaben zu späteren, weniger arbeitsintensiven Zeitabschnitten erledigt werden können.
- Trainings, Beziehungspflege und Delegationskonzepte können schließlich dazu dienen, die Arbeit zu optimieren, Informationen auf informationellem Wege zu erhalten und schnell weiterzugeben und einen Teil der Arbeit in geeigneter Weise an zuständige Mitarbeiter weiterzugeben.

Zeitfresser

- Krisen, die unvorhergesehen auftreten, verlangen die gesamte Aufmerksamkeit. Arbeiten bleiben unerledigt, um die Krise zu bewältigen. Vorausschauende prophylaktische Maßnahmen zur Krisenbewältigung sind dringend angeraten.
- Werden Aufgaben aufgeschoben, können leicht zu späterem Zeitpunkt Überlastungen auftreten.
- Ein typischer Zeitfresser sind langwierige Besprechungen, Sitzungen und gremiale Versammlungen. Wer sich fragt, ob eine Besprechung wirklich notwendig ist, ob immer alle Mitarbeiter anwesend sein müssen, ob eine klare Tagesordnung vorliegt, Unterlagen vor der Sitzung studiert werden können, die Besprechung moderiert wird und sowohl einen fixierten Beginn wie auch ein fixiertes Ende hat, ob audiovisuelle und andere Hilfsmittel zur Verfügung stehen etc., wird schnell Optimierungsmöglichkeiten feststellen.

Gerade in Unternehmen, in denen ganze Aufgabenbereiche mit allen Rechten und Pflichten an Mitarbeiter delegiert werden, die selbständig und eigenverantwortlich handeln sollen, führen Techniken der Selbstregulation zur effizienteren Erledi-

Beim Lean-Management werden einer Arbeitsgruppe möglichst alle mit produktiver Arbeit zusammenhängenden Aufgaben übergeben.

gung der Aufgaben. Ein Beispiel dafür stellt das Lean-Management dar. Dabei werden einer Arbeitsgruppe möglichst alle mit produktiver Arbeit zusammenhängenden Aufgaben übergeben. Dazu zählt die ganze Produktionsarbeit, Aufgaben der Verwaltung, Materialbeschaffung, Transport von Fertigprodukten, deren Reparatur und Wartung. Problematisch erscheint dieser Aspekt insofern, als jahrzehntelang die Qualifikationsanforderungen der Arbeit minimiert wurden, d. h. Mitarbeiter von Verantwortung „entlastet" wurden, jetzt aber universellen Anforderungen gerecht werden sollen, um selbstverantwortlich ganze Arbeitsbereiche zu leiten.

Um den zahlreichen Forderungen nach sozialen und fachlichen Kompetenzen zur effizienten Selbstorganisation, permanenter Problem- und Fehleranalyse sowie Verbesserungen bei komplexen Aufgabenstellungen entsprechen zu können, sind spezielle Formen der Aus- und Weiterbildung von „Lean-Teams" notwendig (Womack, Jones und Roos, 1991, zitiert nach Nerdinger, 1995).

2.4 Postaktionale Phase: Bewertung

Leitfragen
- Auf welche Ursachen werden subjektiv Erfolg und Misserfolg zurückgeführt?
- Welche Emotionen resultieren aus unterschiedlichen Ursachenzuschreibungen?
- Was ist unter Verfahrens- und Verteilungsgerechtigkeit zu verstehen?
- In welchem Zusammenhang stehen Verfahrens- und Verteilungsgerechtigkeit mit „organizational citizenship behavior" und Zufriedenheit?
- Was besagt die Maxime „Gibst Du mir, geb' ich Dir" in Bezug auf die Austauschtheorie?
- Welche Aussagen trifft die Equity-Theorie in Bezug auf Lohngerechtigkeit?

- Wie reagieren Arbeitstätige auf ungerechte Löhne?
- Welche praktischen Konsequenzen ergeben sich aus der Gerechtigkeitsforschung?

Nach Beendigung einer Handlung findet ein handlungsbewertender Rückblick statt, der zukünftige Handlungen beeinflusst. Relevant sind Emotionen, Ursachenerklärungen (Kausalattribuierungen) und die erlebte Gerechtigkeit von Belohnungen im Verhältnis zum erbrachten Aufwand.

2.4.1 Kausalattribution

Unbefriedigende Leistungen drängen nach einer Ursachenklärung. Nach der Erledigung von Aufgaben stellt sich oft die Frage, warum sich Erfolg oder Misserfolg eingestellt hat. Vor allem unbefriedigende Leistungen drängen nach einer Ursachenklärung. Ursachen für das Gelingen oder Misslingen einer Handlung können in der eigenen Leistungsfähigkeit, der Motivation oder Volition, im Glück oder schicksalhaften Unglück, in der Schwierigkeit der Aufgaben oder an den Launen der Vorgesetzten liegen.

Attributionstheorien, die vor allem in der Sozialpsychologie entwickelt wurden (siehe Herkner, 1991), befassen sich mit Ursachenzuschreibungen. Attributionstheorien zufolge wird menschliches Verhalten zum Teil dadurch bestimmt, auf welche Ursachen Personen ihre früheren Handlungsergebnisse zurückführen (Weiner, 1994). Die Attributionsforschung geht auf den Psychologen Fritz Heider (1958) zurück, der personeninterne Ursachen für Handlungen, den Motivationsfaktor und den Fähigkeitsfaktor, und personenexterne Ursachen wie Zufall und Aufgabenschwierigkeit unterscheidet. Ursachen können nach Weiner (1994) nach drei Dimensionen klassifiziert werden: Lokation, Stabilität und Kontrollierbarkeit (Abbildung 13).

Abb. 13 Klassifikation von Erfolgs- und Misserfolgsursachen nach Lokation, Stabilität und Kontrollierbarkeit

Kontrolle	Kontrollierbar		Unkontrollierbar	
Stabilität	Labil	Stabil	Labil	Stabil
Lokation — Internal	Variable eigene Anstrengung; Fleiß und generelle Arbeitshaltung	Konstante eigene Anstrengung	Eigene Müdigkeit und Stimmung; Fluktuationen der eigenen Fähigkeit	Eigene Fähigkeit
Lokation — External	Variable Anstrengung anderer Personen	Konstante Anstrengung anderer Personen	Müdigkeit, Stimmung und Fluktuationen der Fähigkeit anderer Personen, Zufall	Fähigkeit anderer Personen; Aufgabenschwierigkeit

- Die Dimension *Lokation* unterscheidet zwischen Ursachen, die innerhalb und außerhalb der handelnden Person liegen. Beispielsweise sind Fähigkeiten und Motivationslage internale Faktoren, während Glück und Pech, Aufgabenschwierigkeit und Launen der Vorgesetzten externale Ursachen sind.

- Die Dimension *Stabilität* gibt an, ob Personen die Ursachen ihrer Erfolge und Misserfolge auf dauerhafte, stabile oder auf vorübergehende, variable Faktoren zurückführen. Fähigkeit, Aufgabenschwierigkeit und die Voreingenommenheit anderer Personen werden in der Regel als relativ stabil angesehen, während Zufall, Anstrengung, Stimmung, Müdigkeit und Krankheit als variable Ursachen verstanden werden.

- Mit der *Kontrollierbarkeit* von Ursachen wird erfasst, ob eine handelnde Person autonom bestimmen kann, ob sie mögliche Erfolgsgründe verändert (beispielsweise sich intensiver einsetzt, für die Arbeit vorbereitet und bei der Ausführung sehr anstrengt, usw.) oder ob sie keine Handlungskontrolle besitzt (beispielsweise können eigene Fähigkeiten, die Schwierigkeit der Aufgaben oder Schicksalsschläge nicht selbst kontrolliert werden).

Je nach Attributionen ist zu erwarten, dass die eigene Leistung und Zielerreichung mit unterschiedlichen Emotionen verbunden ist. In Abbildung 14 sind wahrscheinliche Emotionen bei Erfolg und Misserfolg und unterschiedlichen Attributionen aufgelistet.

Abb. 14   Emotionen in Abhängigkeit von Attributionen von Erfolg und Misserfolg

	Attribution	Emotion
Erfolg	Fähigkeit	Zuversicht, Kompetenz
	Variable Anstrengung	Aktivierung, Erregung
	Stabile Anstrengung	Entspannung
	Eigene Persönlichkeit	Selbstaufwertung
	Anstrengung, Persönlichkeit anderer	Dankbarkeit
	Zufall	Überraschung
	Attribution	**Emotion**
Misserfolg	Fähigkeit	Inkompetenz
	Variable oder stabile Anstrengung	Schuld, Scham
	Persönlichkeit, intrinische Motivation	Resignation
	Anstrengung, Persönlichkeit anderer	Aggression
	Zufall	Überraschung

Je nach Ursachenzuschreibung und Emotionen sind zukünftige Erwartungen und damit zukünftige Leistungen unterschiedlich. Wird Misserfolg mangelnden Fähigkeiten oder der Aufgabenschwierigkeit zugeschrieben, so führt dies häufig zu einer stärkeren Reduktion der zukünftigen Erfolgserwartung, als wenn Misserfolg auf Pech oder mangelnde Anstrengung zurückgeführt wird. Erfolgsgründe, die als stabil angenommen werden, führen dazu, dass auch in Zukunft erwartet wird, dass die eigenen Handlungen erfolgreich sein werden und die Selbstwirksamkeit steigt.

2.4.2 Gerechtigkeit

Wenn großer Aufwand zur Erreichung eines Zieles betrieben wird, mit welchen Belohnungen verbunden sind, dann stellt sich die Frage, ob Aufwandskosten und Belohnungen in fairem Verhältnis zueinander stehen. Wenn Belohnungen, aber auch Kosten, an verschiedene Personen verteilt werden, dann stellt sich nicht nur die Frage, ob die Menge der ver-

Die Frage ist wichtig, ob Aufwandskosten und Belohnungen in fairem Verhältnis zueinander stehen.

teilten Ressourcen den Aufwendungen entspricht, sondern auch, ob das Verfahren, das zu einem bestimmten Verteilungsschlüssel geführt hat, gerecht ist. Gerechtigkeitstheorien können sich auf Verfahren, im Sinne der prozeduralen Gerechtigkeit, oder auf die Verteilung von Ressourcen, im Sinne der distributiven Gerechtigkeit, beziehen.

2.4.2.1 Verfahrensgerechtigkeit

Unter Verfahrensgerechtigkeit oder prozeduraler Gerechtigkeit ist die Fairness im Prozess der Entscheidungsentwicklung gemeint. Hier geht es um die Bewertung, ob beispielsweise Regeln und Ziele gemeinsam festgelegt werden können oder ob ein Vorgesetzter jedem Mitarbeiter die gleiche Unterstützung für eine erfolgreiche Aufgabenerledigung zukommen lässt. Leventhal (1980) postuliert sechs Regeln der prozeduralen Fairness, nach denen beurteilt wird, ob ein Verfahren als gerecht erlebt wird:

- Konsistenz: Zuteilungen müssen sowohl über die Zeit als auch über Personen hinweg konsistent sein können – z. B. Mitarbeiter davon ausgehen, dass eine bestimmte Leistung innerhalb einer festgesetzten Zeit, unabhängig von der Person, zur gleichen Vergütung führt.
- Unvoreingenommenheit: Verfahren sollen nicht durch das persönliche Eigeninteresse derjenigen, die sie anwenden, beeinflusst sein.
- Genauigkeit: Relevante Informationsquellen müssen ausgeschöpft werden.
- Korrekturmöglichkeit: Berufungs- oder Einspruchsrecht müssen für alle Beteiligten gelten.
- Repräsentativität: Interessen aller Beteiligten sollten berücksichtigt werden.
- Ethische Rechtfertigung: Das Verfahren sollte moralischen Standards entsprechen.

Je gerechter ein Verfahren wahrgenommen wird, um so größer das Vertrauen in die Vorgesetzen und um so besser das sogenannte „organizational citizenship behavior", also die Bindung an die Organisation **Das Gerechtigkeitsempfinden steht in direktem Verhältnis zum „organizational citizenship behavior".** und die Bereitschaft der Mitarbeiter, sich über das geforderte Ausmaß hinweg in die Firma einzubringen. Je gerechter die Verteilung von Ressourcen wahrgenommen wird, um so größer die Zufriedenheit. Die Zufriedenheit mit dem Lohn steigt mit der wahrgenommenen gerechten Entlohnung (Folger und Konovsky, 1989; Nerdinger, 1995).

Greenberg und Baron (2000) berichten ein Feldexperiment, in welchem die Wirkung prozeduraler Gerechtigkeit untersucht wurde. Ein Betrieb musste entweder Entlassungen vornehmen oder vorübergehend Löhne kürzen. In einer Fabrik A wurden die Mitarbeiter ausführlich über die Problemlage informiert, anschließend wurden die Löhne um 15 Prozent gekürzt. In einer zweiten Fabrik B wurde keine Erklärung der Kürzung geboten und in einer dritten Fabrik C wurden die Löhne nicht gekürzt. Die durchschnittlichen Diebstähle während der Zeit der Lohnkürzungen waren je nach Erklärung und wahrgenommener Gerechtigkeit des Handelns unterschiedlich (Abbildung 15).

Abb. 15   Mittlere Prozente der Diebstahlrate unter verschiedenen Bedingungen der Information (nach Nerdinger, 1995, S. 158)

2.4.2.2   Verteilungsgerechtigkeit

Die Ursprünge der Theorien zur Verteilungsgerechtigkeit sind bei Homans (1961) und bei Adams (1965) zu finden. Homans entwickelte ein Konzept, das menschliche Interaktionen unter die Prämisse des Austausches von Ressourcen stellt und nach der Maxime „Gibst Du mir – geb' ich Dir" funktioniert. Eine soziale Beziehung wird nach dieser Theorie dann eingegangen und aufrechterhalten, wenn Verteilungsgerechtigkeit gegeben ist, also wenn eine Person für

Das Homans'sche Konzept der Verteilungsgerechtigkeit funktioniert nach der Maxime „Gibst Du mir – geb' ich Dir".

den Aufwand, den sie durch die Aufrechterhaltung der Beziehung in Kauf nimmt, auch entsprechende Belohnungen erhält. Nach Adams müssen Aufwendungen und Erträge der einen Person den Aufwendungen und Erträgen, welche die andere Person hat, entsprechen.

In der betrieblichen Praxis stellt sich die Frage, ob der Lohn für die eigene Leistung dem Lohn anderer für deren Leistung entspricht. Je eher die Belohnung, die der Leistung folgt, individuellen Maßstäben genügt, um so zufriedener sollte ein Individuum mit der eigenen Arbeit sein. Aufgrund individueller Maßstäbe wird eine Belohnung als fair oder gerecht und damit zufriedenstellend erlebt.

Menschen sind bestrebt, ihre Einstellungen, Handlungen und Handlungsergebnisse zu bewerten. Für die Bewertung des Lohnes dienen Vergleichsmöglichkeiten mit anderen Personen. Wenn objektive Bewertungsstandards fehlen, tendieren Personen dazu, sich mit anderen in ähnlichen Situationen zu vergleichen. Vergleichsprozesse können zu Konkordanz oder Diskordanz zwischen eigenen Qualitäten und Qualitäten anderer führen. Diskordanz löst mit großer Wahrscheinlichkeit Unbehagen aus.

Adams (1965) beschreibt in der *Equity-Theorie* Vergleichsprozesse zwischen eigenen Beiträgen und Ergebnissen und Beiträgen und Ergebnissen anderer. Auf Lohngerechtigkeit bezogen werden Vergleiche zwischen der eigenen Leistung (Input; II) und dem Lohn (Output; OI) und der Leistung anderer (IA) und deren Lohn (OA) angestellt. Perso-

Personen erleben ihr Gehalt als gerecht, wenn das Verhältnis zwischen eigener Leistung und eigenem Lohn dem Verhältnis der Leistung anderer und deren Lohn entspricht.

nen erleben ihr Gehalt als gerecht, wenn das Verhältnis zwischen eigener Leistung und eigenem Lohn dem Verhältnis der Leistung anderer und deren Lohn entspricht. Inequity-Gefühle, Diskordanz oder Ungerechtigkeit wird erlebt, wenn der Vergleich mit anderen nicht proportional ist und sich Personen entweder über- oder unterbezahlt fühlen (Tabelle 2). Diskordanz, Ungerechtigkeit und in der Folge Unbehagen werden also auch dann erlebt, wenn eine Person verglichen mit anderen Mitarbeitern einen höheren Lohn erhält. Zwar ist anzunehmen, dass relative Benachteiligung zu negativeren Gefühlen führt als Überbezahlung. Insgesamt scheint sich in unterschiedlichen Studien jedoch zu bestätigen, dass eine proportionale, dem eigenen

Input und dem anderer Personen im Verhältnis entsprechende Gewinnverteilung oder Bezahlung, bevorzugt wird. Überbezahlung scheint zu etwas geringerer Zufriedenheit zu führen als gerechte Entlohnung; Unterbezahlung führt eindeutig zu Ärger- und Frustrationsgefühlen und damit zu Unzufriedenheit (z. B. De Dreu, Lualhati und McCusker, 1994; Mikula, 1991).

Tabelle 2   Grundaussagen der Equity-Theorie

Vergleichsformel	Wahrnehmung	Beispiel
$\dfrac{O_I}{I_I} < \dfrac{O_A}{I_A}$	Verglichen mit anderen sind die eigenen Ergebnisse relativ zu den Beiträgen gering	Unterbezahlung
$\dfrac{O_I}{I_I} = \dfrac{O_A}{I_A}$	Die Relation zwischen eigenen Ergebnissen und Beiträgen entspricht der Relation anderer	ausgewogene Bezahlung
$\dfrac{O_I}{I_I} > \dfrac{O_A}{I_A}$	Verglichen mit anderen sind die eigenen Ergebnisse relativ zu den Beiträgen hoch	Überbezahlung

Zur Bestimmung wahrgenommener Lohngerechtigkeit muss einer Person eine entsprechende Bezugsgruppe bekannt sein. Ein Arbeitnehmer kann bei gleicher Leistung und gleichem Lohn, je nachdem mit welchen relevanten anderen Personen oder Situationen er seine aktuelle Situation vergleicht, zur Wahrnehmung von Lohngerechtigkeit, Über- oder Unterbezahlung gelangen. Robbins (2001) führt bezüglich der Verteilungsgerechtigkeit vier mögliche Vergleichspunkte an und

Personen wählen je nach persönlicher Situation unterschiedliche Vergleichspunkte.

meint, je nach Schulbildung, Dauer eines Arbeitsverhältnisses und Höhe des Lohnes würden Personen unterschiedliche Bezugspunkte wählen:

- Eine Person kann ihren Input und Output mit ihrem Input und Output in einer anderen Position im selben Betrieb oder in einem anderen Betrieb vergleichen.

- Eine Person kann ihre Ergebnisse und Leistungen aber auch mit Personen innerhalb des Betriebes oder außerhalb des Betriebes vergleichen. Robbins (2001) berichtet, dass Arbeitnehmer mit hohem Gehalt und hoher Schulbildung über mehr Arbeitsinformationen verfügen als andere und ihre Vergleichsstandards außerhalb der Organisation, in der sie tätig sind, wählen. Jene Arbeitnehmer, die seit langem in einem Betrieb tätig sind, vergleichen ihren Lohn mit dem der Kollegen. Wer seit kurzem in einem Betrieb arbeitet, sucht seine Vergleichspunkte in der eigenen Arbeitsvergangenheit.

Gerecht oder ungerecht kann einerseits das Ergebnis einer Arbeit, also der Lohn, oder auch der Prozess der Festsetzung der Lohnhöhe sein (Hegtvedt, 1989). Die Zufriedenheit mit dem Lohn hängt nicht nur vom Vergleichsergebnis mit anderen und dem Festsetzungsprozess, sondern auch von einer Reihe anderer Variablen ab (Miceli, 1993).

Die Reaktionen von Personen auf ungerechte Erfahrungen am Arbeitsplatz sind vielfältig untersucht worden. Vor allem diskordante Lohn-Leistungs-Relationen unter Zeit- und Akkordlohn wurden experimentell analysiert. Häufig konnten die Aussagen der Equity-Theorie, die in Tabelle 3 zusammengefasst sind, bestätigt werden. Diesen Aussagen nach sind Arbeitskräfte, die sich unterbezahlt fühlen und möglicherweise ärgern, unter Akkordlohn bemüht, die Stückzahl auf Kosten der Qualität zu erhöhen. Arbeitskräfte, die sich überbezahlt fühlen und vielleicht mit Schuldgefühlen reagieren, reduzieren die Quantität zugunsten der Qualität. Unter Zeitlohn werden unterbezahlte Personen die Qualität und/oder Quantität ihrer Leistung drosseln; überbezahlte werden versuchen, die Lohndifferenz durch Mehrleistung zu rechtfertigen (Greenberg, 1982).

Tabelle 3   Leistungs-Lohn-Vergleich und wahrscheinliche Reaktionen nach der Equity Theorie

	Leistung : Lohn	Vergleichsresultat	Verhaltensänderungen
Individuum Vergleichsgruppe	hoch : hoch hoch : hoch	Konkordanz	keine Änderungen: Verbleib in der Organisation, Leistung wie bisher; Zufriedenheit
Individuum Vergleichsgruppe	hoch : niedrig hoch : hoch	Diskordanz (Unterbezahlung)	bei Zeitlohn sinkt die Qualität und/oder Quantität der Leistung; bei Stücklohn sinkt die Qualität, die Quantität steigt; Unzufriedenheit
Individuum Vergleichsgruppe	niedrig : hoch niedrig : niedrig	Diskordanz (Überbezahlung)	bei Zeitlohn steigt die Qualität und/oder Quantität der Leistung; bei Stücklohn steigt die Qualität, die Quantität sinkt; Schuldgefühle
Individuum Vergleichsgruppe	hoch : niedrig hoch : niedrig	Konkordanz	keine Änderungen: Verbleib in der Organisation, bis sich eine Gelegenheit ergibt, einen höheren Lohn außerhalb zu erhalten
Individuum Vergleichsgruppe	hoch : hoch niedrig : niedrig	Konkordanz	keine Änderungen: Verbleib in der Organisation, Leistung wie bisher; Zufriedenheit
Individuum Vergleichsgruppe	hoch : niedrig niedrig : hoch	maximale Diskordanz	bei Zeitlohn sinkt die Qualität und/oder Quantität der Leistung; bei Stücklohn sinkt die Qualität, die Quantität steigt; Gefühle ungerechter Behandlung und Unzufriedenheit

Im Folgenden sind zusammenfassend Reaktionen bei der Wahrnehmung eines Ungleichgewichts zwischen Leistung und Lohn aufgelistet. Eine Person kann

- ihren Input entsprechend senken oder verbessern (z. B. Leistung n).
- Sie kann versuchen, ihren Output zu verändern (z. B. Qualität, Quantität).
- Sie kann ihre Leistung aufwerten oder abwerten,
- die Leistung oder den Ertrag anderer Personen auf- oder abwerten,
- den Vergleichsanker ändern (beispielsweise Vergleiche mit ehemaligen Schulkameraden oder Kollegen einer anderen Firma anstellen) oder

aus dem „Feld flüchten", das heißt, den Arbeitsvertrag kündigen und einen neuen Arbeitgeber suchen oder durch Fehlzeiten, Krankenstand etc. aus dem „Feld gehen".

Mit diesen Reaktionen geht der sich langsam verfestigende Prozess der inneren Kündigung einher. Personen die innerlich gekündigt haben, werden als demotiviert, resigniert, depressiv bis zu entfremdet und desillusioniert beschrieben. Qualifikationsverlust und Freudlosigkeit bei der Arbeit bis hin zu Apathie und Sinnverlust sind die Folgen. Für die Organisation entstehen hohe Kosten insbesondere durch Absentismus, verringerte Leistung und ungenutzte Potentiale. Innere

> **„Innere Kündigung" ist eine der Reaktionen auf die Wahrnehmung eines Ungleichgewichts zwischen Leistung und Lohn.**

Kündigung kann auch als ein individuelles, motivationales Defizit beschrieben werden. Als Lösungsansätze zur inneren Kündigung werden zumeist Gespräche, Schulungen, Versetzungen und als letztes Mittel die Trennung von den Mitarbeitern empfohlen. Manche Autoren empfehlen die Beauftragung von externen Beratern oder internen Coaches und Supervisoren (Nachbagauer und Riedl, 1999). Krystek, Becherer und Deichelmann (1995) verweisen auf die Notwendigkeit flankierender Maßnahmen seitens der Organisation, wie einer vertrauensbasierten Unternehmenskultur, verstärkter Sinnvermittlung für Mitarbeiter, Veränderung des Selbstverständnisses von Vorgesetzten und deren kontinuierliche Weiterbildung. Tabelle 4 gibt die wesentlichen Unterschiede zwischen innerer und äußerer Kündigung wieder.

Tabelle 4   Abgrenzung zwischen innerer und äußerer Kündigung

Kündigung	Innere Kündigung	Äußere Kündigung
Grundlage	Psychologischer Vertrag	Rechtlicher Vertrag
Kennzeichen	Zustand Psychischer Zustand der zur Abnahme der Leistungsbereitschaft führt	Handlung Rechtlicher Akt zur Lösung des Arbeitsvertrages
Erkennbarkeit	Schwierig („lautloser Protest")	Leicht (offen vollzogene Handlung)

Die Bewertung der Arbeit erfolgt selbstverständlich nicht nur aufgrund der zu erbringenden Leistung und des monetären Entgelts. Andere Faktoren, wie etwa das Image der Organisation, das Klima im Betrieb, relative Statusmerkmale wie etwa ein Dienstauto, entsprechende Büroeinrichtungen, die Unterstützung durch Mitarbeiter etc. sind in Leistungs-Entgelt-Vergleichen neben dem Lohn zu berücksichtigen (Greenberg, 1988). All diese Faktoren beeinflussen Entscheidungen, im Betrieb zu verbleiben oder den Arbeitsvertrag zu kündigen. Schließlich hängt die Entscheidung, seinem Arbeitsplatz und seiner Organisation treu zu bleiben, auch von der wahrgenommenen Alternative ab, am Arbeitsmarkt eine bessere Stelle zu finden.

2.4.3 Praktische Anwendungen der Gerechtigkeitsforschung

Die Gestaltung von Entlohnsystemen soll die Arbeitsmotivation sicherstellen.

In der betrieblichen Praxis stellt sich die Frage, welche Entgeltsysteme besondere Arbeitsmotivation sicherstellen. Kriterien wie Leistungsangemessenheit, Gerechtigkeit, Beeinflussbarkeit und Transparenz des Verteilungsschlüssels und Beteiligung am Prozess der Leistungsbeurteilung, sind bei der Gestaltung von Entlohnsystemen relevant.

In den letzten Jahren wächst das Interesse an leistungsabhängiger Entlohnung von Führungskräften in privaten und öffentlichen Organisationen. Der klassische Vertrag der lebenslangen Mitgliedschaft in einer Organisation für erbrachte Leistung ist von Seiten der Unternehmen gekündigt worden. Die Mitarbeiter fordern daher rasche und vor allem leistungsgerechte Bezahlung. Geld sollte nicht wie bisher als Hygienefaktor angesehen werden, sondern wirkt durchaus auch als Motivator, der neben anderen Faktoren eine Rückmeldung über das Ausmaß an Anerkennung für erbrachte Leistung gibt.

Zur Zeit werden verschiedene Entlohnungssysteme diskutiert, wie beispielsweise Vergütung auf Basis von Leistungsbeurteilung in Form einer Leistungszulage, zielerreichungsorientierte Ansätze, am Unternehmenserfolg orientierte Vergünstigungen und Unternehmensbeteiligungen. Keine dieser leistungsabhängigen Belohungsformen hat sich bisher empirisch klar als bester „Motivator" erwiesen. Einige Erkenntnisse scheinen jedoch gesichert zu sein. Damit eine Belohnung als Anerkennung wirkt, bedarf es einer relativ engen zeitlichen und inhaltlichen Koppelung der Bezahlung an die Leistung. Eine leistungssteigernde Wirkung durch Gewinnbeteiligung oder Unternehmensanteile wirkt nur auf jene Personen motivierend, die auch

Einfluss auf die Ergebnisse des Unternehmens haben. Bei der Einführung von Leistungszulagen sollte bedacht werden, ob die Mitarbeiter eine realistische Chance auf dauerhafte Realisierung der leistungsabhängigen Gehaltsanteile besitzen. Wenn das nicht möglich ist, ist Verfahrensgerechtigkeit kaum herzustellen. Auch die Höhe des leistungsbezogenen Anteils ist von Bedeutung, da erst ab einem Prozentsatz zwischen sieben und zehn Prozent der Gehaltszuwachs als nennenswerter Anreiz wahrgenommen wird (von Rosenstiel, 2000).

In der Literatur wird häufig der Frage nachgegangen, ob ausgefeilte Anreizsysteme Einfluss auf die Motivation ausüben. Dressler (1999) kommt zur Ansicht, dass die Höhe der resultierenden Motivation abhän-

Die Höhe der Motivation ist abhängig von der persönlichen Wahrnehmung des Leistungvergütungssystems.

gig ist von der persönlichen Wahrnehmung des Leistungsvergütungssystems. Dieses kann auf sehr unterschiedliche Weise wahrgenommen werden. Insgesamt lassen sich neun Sachverhalte unterscheiden, wobei unterschiedliche Sachverhalte simultan wahrgenommen werden:

* Positives Leistungs-Beitrags-Denken: Eine Person geht davon aus, dass es prinzipiell richtig ist, mehr zu verdienen, wenn entsprechend mehr geleistet wird. Je mehr jemand von dieser Auffassung überzeugt ist, desto stärker wirkt das Leistungsvergütungssystem.
* Negatives Leistungs-Beitrags-Denken: Einkommensunterschiede in einem Land sollen möglichst gering gehalten werden. Je mehr jemand diese Einstellung vertritt, desto geringer wirkt ein Leistungsvergütungssystem.
* Kollegenvergleich: Input und Output von Kollegen werden miteinander verglichen.
* Externvergleich: Kollegen aus Konkurrenzunternehmen werden zum Vergleich herangezogen.
* Systemakzeptanz: Ein Leistungsvergütungssystem, das von den Betroffenen nicht akzeptiert wird, motiviert nicht.
* Einflussnahme: Je mehr die Betroffenen auf die Entwicklung beziehungsweise Pflege ihres variablen Vergütungssystems Einfluss nehmen können, desto mehr motiviert das Leistungsvergütungssystem.
* Indirekte Erwartung: Je enger Zusammenhang zwischen Arbeitseinsatz und nachweisbarem Arbeitsergebnis, desto stärker motiviert das Leistungsvergütungssystem.
* Direkte Erwartung: Je enger der Zusammenhang zwischen nachweisbarem Arbeitsergebnis und erhaltener Leistungsvergütung, desto stärker motiviert das Leistungsvergütungssystem.

- Schließlich steigt die Bedeutung des Leistungsvergütungssystems mit wachsendem Bedürfnis nach höherem Einkommen.

Der Vergleich des eigenen Leistungs-Entlohnungsverhältnisses mit jenen von internen und externen Kollegen hat nachweisbar deutliche Auswirkungen auf die Arbeitsmotivation. Es ist daher lohnenswert, mögliche Ungleichgewichte dieser Art durch anonyme Mitarbeiterbefragung aufzudecken, um dem erlebten Ungleichgewicht entgegenzuwirken. Die Reduktion der wahrgenommenen Ungleichgewichte kann durch erhöhte Transparenz zwischen den objektiven Input-Output-Verhältnissen erfolgen, durch aktive Darstellung von offiziellen, nachvollziehbaren Begründungen für Unterschiede und durch die Reduktion tatsächlich vorhandener unhaltbarer Ungleichgewichte (Dressler, 1999).

Employee Recognition Programs oder Anerkennungsmodelle werden in der Praxis eingeführt, um Gerechtigkeit zu fördern. Am effektivsten erscheinen Programme, die unterschiedliche Anerkennungsbeweise verwenden und die sowohl einzelne Personen als auch Gruppenleistungen honorieren.

Anerkennungsmodelle werden eingeführt, um Gerechtigkeit zu fördern.

Das Beispiel der Firma „Convex Computer Corporation" soll verdeutlichen, wie Anerkennungsprogramme funktionieren: In diesem Unternehmen mit Sitz in Texas sind über tausend Personen beschäftigt. Vierteljährlich werden die Leistungen von Mitarbeitern prämiert, die von ihren Managern nominiert wurden, da sie mehr als nur ihre Pflicht erfüllt haben. Jährlich können Mitarbeiter von ihren Kollegen für den „Customer Service Award" nominiert werden, der Kategorien wie Risikobereitschaft, Innovation, Kostenreduktion sowie allgemein den Bereich Kundenservice berücksichtigt. Auf der Abteilungsebene werden Anerkennungen in Form von Kaffeetassen, Team- oder Abteilungsleibchen sowie Bilder verteilt. Supervisoren belohnen Mitarbeiter für gute Leistungen mit Kinokarten, Bowlingabenden oder Geldprämien. In einer Umfrage wurde der Frage nachgegangen, wodurch die Mitarbeiter am ehesten motiviert werden. Eine überwiegende Mehrheit gab an, dass Anerkennung für ihre Arbeit der größte Motivationsfaktor ist (Robbins, 2001).

Gründe für die häufige Anwendung von Employee Recognition Programs in der Praxis sind, dass sie effektiv und billig sind. Anerkennung kann unterschiedlich zum Ausdruck gebracht werden: durch einen Handschlag, eine handgeschriebene Mitteilung oder nur ein E-Mail mit lobenden Worten, können Anerkennung ausdrücken.

Glossar

Aktienbeteiligung der Mitarbeiter	Employee stock ownership plans (ESOP) Unter diesem Begriff sind eine Reihe von Methoden zusammengefasst, die den Erwerb von Betriebsaktien für Mitarbeiter vorsehen.
Anregungspotential	Ist eine hypothetische Gesamtgröße für alle Besonderheiten eines momentanen Informationseinstroms. Diese Größe setzt sich zusammen aus kognitiven Variablen, wie Neuigkeit, Ungewissheit oder Konflikt, Komplexität, Überraschungsgehalt, aus affektiven Reizen, starken äußeren Reizen, inneren Reizen, die von Bedürfniszuständen herrühren.
Attributionstheorie	„Ziel der Attributionstheorie ist die Identifikation der Regel, an der sich Menschen orientieren, wenn sie nach Ursachen oder Gründe für Handlungen oder Ereignisse suchen" (Zimbardo, 1995, S. 746).
Ausführungskontrolle	Der Ablauf einer Handlung wird Schritt für Schritt bis zur Zielerreichung kontrolliert.
Bedürfnis	Allgemeine, umfassende Bezeichnung für Mangelzustände, die das Verhalten und kognitive Prozesse der Verhaltenssteuerung an solchen Zielen orientieren, welche eine Bedürfnisbefriedigung nach sich ziehen oder zumindest in Aussicht stellen.
Bedürfnispyramide	Abraham Maslow (1954) postulierte, dass in jedem Menschen eine Hierarchie von fünf Bedürfnisklassen existiert, wobei die Aktivierung höherer Bedürfnisse davon abhängt, ob rangniedrigere ausreichend befriedigt sind oder nicht.
Skill-based pay plans	Bezahlung nach erworbener Qualifikation; In diesem Programm hängt die Höhe der Bezahlung eines Arbeiters davon ab, welche Fähigkeiten er besitzt beziehungsweise wie viele verschiedene Tätigkeiten er ausführen kann.
Commitment	Bindung an eine Sache, Aufgabe oder eine Organisation mit Selbstverpflichtung und Willen zum persönlichen Einsatz.
Distributive Gerechtigkeit	Bezieht sich auf die Bewertung der erhaltenen Erträge und Belohnungen; Ungerechtigkeit wird dann erlebt, wenn eine Person wahrnimmt, dass das Verhältnis zwischen den eigenen

	Erträge und Einsätzen zum Verhältnis zwischen den Erträgen und Einsätzen anderer Personen ungleich ist.
„Do your best"-Ziele	Unspezifische Ziele, wonach Mitarbeiter ihr Bestes geben sollen
Mitarbeiter-Anerkennungs-Programme	Employee Recognition Programs; für erbrachte Leistungen der Mitarbeiter werden individuell abgestimmte Anerkennungen, Belohnungen verteilt.
Empowerment	(engl.= Ermächtigung) darunter versteht man die Erhöhung des Handlungsspielraums der Mitarbeiter. Dies korrespondiert mit strukturellen und kulturellen Veränderungen und ist mit der Übertragung der Verantwortung an Mitarbeiter verbunden.
Erfolgsmotivierte Menschen	Personen mit Hoffnung auf Erfolg bevorzugen Aufgaben mit höchstem Anreizwert. Höchsten Anreizwert haben Aufgaben mittlerer Erfolgswahrscheinlichkeit.
ERG Theorie	(Abk. für Existence-Relatedness-Growth). Clayton Alderfer (1969) revidierte Maslows Theorie und fasste die fünf Bedürfniskategorien der Bedürfnispyramide auf folgende drei zusammen: Existenz-, Beziehungs- und Wachstumsbedürfnisse.
Erwartungs-mal-Wert-Theorien	Sie erklären, wie eine Wahl zwischen zwei oder mehreren Handlungsalternativen auf der Basis des Wertes einer Handlung oder eines Handlungsergebnisses und der Erwartung, eine zielführende Handlung ausführen zu können.
Flexible Benefits	Flexible Belohnungssysteme erlauben es Angestellten aus einem vielfältigen Angebot von Belohnungen jene zu wählen, die ihre persönlichen Bedürfnisse und Wünsche am besten befriedigen.
Flow Effekt	(engl. = Fluss) Darunter wird das völlige Aufgehen in einer Tätigkeit verstanden, wobei die Aufmerksamkeit ganz von der Aufgabe absorbiert wird und die eigene Person vergessen lässt. Es handelt sich dabei um einen Spezialfall der intrinsischen Motivation.
Furcht vor Misserfolg	Orientierung an der Möglichkeit von Misserfolg und dem antizipierten Gefühl der Scham. bei leistungsbezogenem Handeln
Handeln	Aktive Ausübung von Absichten.
Handlungs-bei-Situation-Ergebnis-Erwartung	(H-S-E) Subjektive Wahrscheinlichkeit, mit der äußere und variable Umstände die Handlungs-Ergebnis-Erwartung erhöhen beziehungsweise verringern.
Handlungsorientierung	Rasche Umsetzung von Entscheidungen; Handlungsorientierte Menschen sind fähig, ihre Entscheidungen in Handlungen um-

	zusetzen und diese auch unter widrigen Umständen zu realisie-ren. im Gegensatz zu Lageorientierung bei der Personen durch langes Nachdenken Handlungsbeginn verzögern. Lageorientier-te Menschen verweilen gedanklich zu lang in vergangenen, aktuellen oder künftigen Situationen, ohne einen Handlungsplan zur Änderung in Angriff zu nehmen (Nerdinger, 1995).
Hoffnung auf Erfolg	Orientierung an der Möglichkeit von Erfolg mit antizipiertem Gefühl des Stolzes bei leistungsorientiertem Handeln.
Hygienefaktoren	(auch Kontextfaktoren oder Dissatisfiers) Faktoren, bei dessen Fehlen Unzufriedenheit auftritt. Sie beziehen sich auf die Arbeitsumgebung, wie den Führungsstil, die äußeren Arbeitsbe-dingungen oder das Betriebsklima usw.
Inhaltstheorien der Motivation	Theorien über Bedürfnis- und Motivinhalte.
Innere Kündigung	Im Gegensatz zur offenen Kündigung wird bei der inneren Kün-digung das Arbeitsverhältnis nicht aufgelöst, sondern die Erbringung jener Leistung von Arbeitnehmer aufgekündigt, die über das vorgeschriebene und mittels Sanktionen rechtliche durchsetzbare Mindestmaß hinausgeht.
Intention	Motivationstendenz mit Zielbindungscharakter (commitment), welche sich ein Individuum selbst auferlegt (Heckhausen, 1989, S. 197).
Intrinsische Motivation	„Intrinsisches Verhalten erfolgt um seiner selbst willen oder eng damit zusammenhängender Zielzustände, es ist nicht bloßes Mittel zu einem andersartigen Zweck" (Heckhausen, 1989, S. 456). Steht im Gegensatz zu extrinsischer Motivation: hier wird eine Handlung aufgenommen beziehungsweise ausge-führt, weil eine Belohnung erwartet wird.
Job enlargement	Diese Arbeitsgestaltungsmethode stellt einen der ersten moder-nen Ansätze zur Neugestaltung von Arbeitstätigkeiten dar. Erweiterung des Aufgabenbereichs, ohne Erweiterung Verant-wortungsbereichs des einzelnen Mitarbeiters.
Job enrichment	Arbeitsgestaltungsmethode, die nicht nur die Erweiterung des Arbeitsbereiches vorsieht, sondern eine qualitative Anreiche-rung von Arbeitsaufgaben. Mitarbeitern werden verantwor-tungsvollere Aufgaben übertragen und zusätzlich erhalten sie auch mehr Kontrolle darüber, wie sie ihre Arbeit ausüben möch-ten.
Job rotation	Arbeitsgestaltungsmethode, die den Wechsel des Arbeitsberei-ches auf lateraler Ebene innerhalb des Betriebes vorsieht.

Job-Characteristics-Modell	Dieses, von Hackman und Oldham (1980)stammende Modell, zeigt Möglichkeiten auf, wie Arbeit neu gestaltet werden kann, damit sie für Arbeitnehmer intrinsisch motivierend ist.
Lean Management	Lean Production („schlanke Produktion"), in der japanischen Automobilindustrie entwickeltes und in den USA analysiertes und weiterentwickeltes Konzept einer kostenminimierenden Organisationsstrategie. Der Begriff Lean Production wurde zunächst auf den Produktionsprozess angewandt, dann jedoch als Lean Management auf die gesamte Unternehmensstruktur übertragen (Qualitätsmanagement). Kennzeichen sind Gruppenarbeit, flache Hierarchien, enge Einbindung der Mitarbeiter in Entwicklungs- und Qualitätssicherungsprozesse, Beschleunigung der Produktzyklen durch parallele Produkt- und Prozessplanung, Minimierung der Lagerbestände (Just-in-Time), Qualitätszirkel, hohe individuelle Verantwortung und vertrauensvolle Zusammenarbeit.
Management by Objectives	Managementkonzept, das die Zielsetzungstheorie anwendet (Führung durch Zielsetzung).
Misserfolgsmotivierte Personen	Sie meiden tendenziell eher den Bereich mittlerer Schwierigkeit. Sie weichen aber nicht immer auf sehr leichte oder sehr schwierige Aufgaben aus, vielmehr verteilt sich die Wahl insgesamt breiter über den gesamten Schwierigkeitsbereich.
Mitarbeiter – Partizipationsprogramme	(Employee Involvement Programs) Unter diesem Begriff wird eine Reihe von Techniken zusammengefasst, die von der finanziellen Mitarbeiterbeteiligung, „Empowerment", etc. bis zum partizipativen Management reichen. Das Kennzeichen all dieser Methoden ist, dass Mitarbeiter an betrieblichen Entscheidungen teilhaben können.
Mitarbeitergespräch	Gespräch zwischen Vorgesetzten und Mitarbeitern, um Leistungen zu bewerten und weitere Ziele zu setzen.
Modell der Risikowahl	Atkinson (1957) versteht Leistungsmotivation als Ergebnis eines emotionalen Konflikts zwischen der Hoffnung auf Erfolg und der Furcht vor Misserfolg.
Motiv (motive)	Bezeichnung für mehr oder minder bewusste und komplexe Beweggründe des menschlichen Verhaltens, die sich in gedanklichen Vorwegnahmen eines angestrebten Zielzustandes beziehungsweise Veränderungserwartungen in bezug auf bestimmte Situationen äußern. Motive sind eingebettet in kognitive und emotionale Prozesse und von relativ überdauernden Einstellungen beziehungsweise Wertmaßstäben überlagert. Motive beziehen sich auf Inhaltsklassen von Zielen. So gehört z. B. das Ziel im Beruf Erfolg zu haben, zur Inhaltsklasse „Leistung".

Motivation	Motivation ein Sammelbegriff für vielerlei Prozesse und Effekte deren gemeinsamer Kern darin besteht, dass ein Lebewesen sein Verhalten um der erwarteten Folgen auswählt und hinsichtlich Richtung und Energieaufwand steuert (Heckhausen, 1989). Im wirtschaftlichen Kontext wird Motivation definiert als die Bereitschaft eines Individuums große Anstrengungen zur Erreichung der Organisationsziele zu leisten, unter der Bedingung, dass diese Anstrengungen zur Befriedigung der Bedürfnisse des Individuums beitragen.
Motivationsmodell von Heckhausen	Heckhausen entwickelte die Theorie von Vroom weiter. Erkenntnisse der Erwartungs-mal-Wert-Theorien wurden integriert und die Situation, in der eine Entscheidung getroffen wird, als zusätzliche Variable eingeführt.
Motivationspotential	Maß für die Motivation, die ein Mitarbeiter aus seiner Arbeit schöpfen kann.
Motivatoren (Kontentfaktoren, Satisfiers)	Darunter sind jene Faktoren zusammengefasst, die Zufriedenheit bewirken, wie etwa Leistung, Anerkennung, die Tätigkeit selbst, Verantwortung, Weiterentwicklungs- und Aufstiegsmöglichkeiten.
Prozedurale Gerechtigkeit	Bezieht sich auf das Verfahren, daß zur Verteilung von Aufwand und Erträgen führt. Es geht um die Bewertung über die faire Teilhabe an der Aufstellung von Bedingungen, die zur erfolgreichen Aufgabenerledigung und deren Folgen führen. Führungskräfte und Management sollten die Vorgangsweise transparent macht.
Prozesstheorien der Motivation	Theorien darüber, wie ein bestimmtes Verhalten die Ausführung (oder Unterlassung) sowie die Art der Ausführung einer Handlung bestimmt.
Qualitätszirkel	Arbeitsgruppe von acht bis zehn Mitarbeitern und Supervisoren, die für einen Arbeitsbereich verantwortlich sind. In wöchentlichen Treffen werden Probleme, Lösungen und die weitere Vorgangsweise diskutiert. Die Gruppe ist für die Lösung von Qualitätsproblemen selbst zuständig. Das Letztentscheidungsrecht bleibt bei den Vorgesetzten. Ursprünglich für die Qualitätssteigerung im Produktbereich, heute auch zunehmend zur Verbesserung der sozialen Kompetenz und Kommunikationsstrukturen in Unternehmen.
Reengineering	Managementmethode, die Anfang der 1990er Jahre in den USA entwickelt wurde. Reengineering meint die völlige Neugestaltung und Umstrukturierung von innerbetrieblichen Arbeitsabläufen mit dem Ziel der Produktivitätssteigerung. Reengineering ist häufig eine der Maßnahmen, die bei Einführung von Qualitätsmanagementsystemen (z. B. Total Quality Management) notwendig werden.

Scientific Management	(wissenschaftliche Betriebsführung) ein auf den amerikanischen Ingenieur Frederick Winslow Taylor zurückgehendes betriebswirtschaftliches Rationalisierungskonzept, basierend auf einer wissenschaftlichen Analyse des Arbeitsvollzugs, das alle Tätigkeiten in kleine Schritte zerlegt, und die strikte Trennung von Hand- und Kopfarbeit postuliert.
Selbstbekräftigung	stellt einen zentralen motivationalen Aspekt dar. Personen belohnen sich, wenn Ziele erreicht oder wünschenswerte Verhaltensweisen gesetzt wurden.
Selbstmanagement	Lernmethoden welche Individuen in die Lage versetzen das eigene Verhalten so zu steuern, daß weniger externe Kontrolle notwendig ist.
Selbstregulation	Fähigkeit, Ziele durch selbstgewählte Handlungen über die Zeit hinweg zu erreichen; Eigenständige Modulation von Gedanken, Affekten, Verhalten und der Aufmerksamkeit durch willentlichen oder automatischen Gebrauch spezieller psychologischer Mechanismen (Theorie von Kuhl, 1983).
Selbstwirksamkeit	(engl.: self efficacy) Annahme eines Individuums, eine Aufgabe autonom bewältigen zu können.
Situations-Ergebnis-Erwartung	(S-E); Diese steht für die subjektive Wahrscheinlichkeit, mit der eine gegenwärtige Lage ohne eigenes Zutun zu einem künftigen Ergebnis führen wird.
Theorie X und Theorie Y	McGregor (1960) postuliert zwei unterschiedliche Annahmen über arbeitende Menschen. Theorie X entspricht dem Menschenbild, dass Arbeiter arbeitsunwillig sind, man sie zur Arbeit zwingen muss und sie nicht gerne Verantwortung übernehmen wollen. Im Gegensatz dazu werden in der Theorie Y Arbeiter als arbeitswillige und entscheidungsfreudige Individuen angesehen, die Eigenverantwortung übernehmen, wenn sie sich Zielen verpflichtet fühlen.
Total Quality Management	Abkürzung TQM, eine Managementstrategie, welche die ständige Verbesserung der Qualität von Produkten und Dienstleistungen als übergeordnetes Unternehmensziel versteht (Qualitätsmanagement). TQM wurde in den 1960er Jahren von japanischen Unternehmen eingeführt und weiterentwickelt, seit den 1980er Jahren ist es auch in den USA und Europa verbreitet. TQM kann als Unternehmensphilosophie gesehen werden, nach der Qualität das gesamte Unternehmen durchdringen muss, d. h. sämtliche betrieblichen Prozesse sowie die Unternehmenskultur und -politik müssen ständig verbessert werden. Eckpunkte und Methoden des TQM sind u. a. Ausrichtung an den Kundenwünschen als Maßstab für die Qualität (auch jeder nachfolgende Arbeitsprozess ist als Kunde zu verstehen),

	besondere Verpflichtung des Top Managements zur Führung (Motivation der Mitarbeiter, Festlegung der Qualitätsstrategie), Integration aller Mitarbeiter aller Hierarchieebenen, intensive Kommunikation und Information über Arbeitsabläufe, Qualitätszirkel, Aus- und Weiterbildung.
Variable Entlohnungssysteme	(Variable Pay Programs) Bei dieser Methode hängt ein Teil der Bezahlung der Mitarbeiter von deren individuellen und/oder der Leistung des gesamten Unternehmens ab.
VIE-Theorie	(Valenz-Instrumentalität-Erwartung) Die Theorie besagt, dass Menschen solche Alternativen wählen, die den subjektiven Nutzen maximieren und von denen sie erwarten, dass das erwünschte Ziel auch erreicht werden kann. Zentrale Variablen sind Valenz, Instrumentalität und Erwartung.
Zielschwierigkeit	Erforderliche Leistung zur Zielerreichung.
Zielsetzungstheorie	Theorie der Arbeitsmotivation von Latham und Locke.
Zielspezivität	Grad der Spezifität von Zielen; spezifische Ziele haben eine positivere Wirkung als unspezifische.
Zielverbundenheit	(engl. = goal commitment) Das Ausmaß zu dem Mitarbeiter die Zielerreichung akzeptieren und anstreben.
Zwei-Faktoren-Theorie	Herzberg, Mausner und Snyderman (1959) postuliert, dass Zufriedenheit und Unzufriedenheit mit der Arbeit, von je zwei unterschiedlichen Faktorengruppen (Motivatoren, Hygienefaktoren) beeinflusst werden.

Literatur

Adams, J. S. (1965). Inequity in social exchange. In L. Berkowitz (Ed.), Advances in Experimental Social Psychology. Volume II. (S. 267–299). New York: Academic Press.

Alderfer, C. P. (1969). An empirical test of a new theory of human needs. Organizational Behavior and Human Decision Processes, 4, 142–175.

Atkinson, J. W. (1957). Motivational determinants of risk-taking behavior. Psychological Review, 64, 359–372.

Bandura, A. (1986). Social Foundations of Thought and Action. A Social Cognitive Theory. Engelwood Cliffs: Prentice Hall.

Bandura, A. (1991). Social cognitive theory of self-regulation. Organizational Behavior and Human Decision Processes, 50, 248–287.

Bardens. R. (2001). Wegweiser zu echten Zielen. managerSeminare, 48, Mai/Juni 2001.

Buchanan, D. & Huczynski, A. (1997). Organizational Behaviour. An Introductory Text (3rd edition). London: Prentice Hall.

Bosetzky, H. & Heinrich, P. (1994). Mensch und Organisation. Köln: Kohlhammer.

Calder, B. J. & Staw, B. M. (1975). The interaction of intrinsic and extrinsic motivation: Some methodological notes. Journal of Personality and Social Psychology, 31, 76–80.

Campion, M. A. & McClelland, C. L. (1993). Follow-up and extension of the interdisciplinary costs and benefits of enlarged jobs. Journal of Applied Psychology, 78, 339–351.

Csikszentmihalyi, M. (1975). Beyond Boredom and Anxiety. San Francisco: Jossey-Bass.

Deci, E. L. (1971). Effects of externally mediated rewards on intrinsic motivation. Journal of Personality and Social Psychology, 18, 105–115.

Deci, E. L., Koestner, R. & Ryan, R. M. (1999). A meta-analytic review of experiments examining the effects of extrinsic rewards on intrinsic motivation. Psychological Bulletin, 125, 627–668.

DeCharms, R. & Moeller, G. H. (1962). Values expressed in American children's readers: 1800–1950. Journal of Abnormal and Social Psychology, 64, 136–142.

De Dreu, C. K. W., Lualhati, J. C. & McCusker, C. (1994). Effects of gain-loss frames on satisfaction with self-other outcome-differences. European Journal of Social Psychology, 24, 497–510.

DeCharms, R. (1968). Personal Causation. New York: Academic Press.

Dressler, M. (1999). Der Einfluss variabler Vergütung auf die Arbeitsmotivation. Zeitschrift für Human Resource Management, 6, 294–297.

Folger, R. & Konovsky, M. A. (1989). Effects of procedural and distributive justice on reactions to pay raise decisions. Academy of Management Journal, 32, 115–130.

Fröhlich, W. & Gieffers, F. (1989). Personalforschung. In H. Strutz (Hrsg.), Handbuch Personalmarketing. (S. 17–24). Wiesbaden: Gabler.

Fröhlich, W. D. (1993). Wörterbuch zur Psychologie. München: DTV.

Gebert, D. & Rosenstiel, L. v. (1992). Organisationspsychologie. Stuttgart: Kohlhammer.

Gebert, D. (1995). Führung im MbO-Prozess, In A. Kieser, G. Reber, & R. Wunderer (Hrsg.), Enzyklopädie der Betriebswirtschaftslehre. Band 10. Handwörterbuch der Führung. Stuttgart: Poeschl.

Graen, G. (1969). Instrumentality theory of work motivation: Some experimental results and suggested modifications. Journal of Applied Psychology, 53, 1–25.

Greenberg, J. & Baron, R. (2000). Behavior in Organizations. (7th edition). Englewood Cliffs, NJ: Prentice Hall.

Greenberg, J. (1982). Approaching equity and avoiding inequity in groups and organizations. In J. Greenberg & R. J. Cohen (Eds.), Equity and Justice in Social Behavior. New York: Academic Press.

Greenberg, J. (1988). Equity and workplace status: A field experiment. Journal of Applied Psychology, 73, 606–613.

Hacker, W. (1998). Allgemeine Arbeitspsychologie. Psychische Regulation von Arbeitstätigkeiten. Bern: Hans Huber.

Hackman, J. R. & Oldham, G. R. (1980). Work Redesign. Reading, M.A.: Addison-Wesley.

Heckhausen, H. & Gollwitzer, P. M. (1987). Thought contents and cognitive functioning in motivational vs. volitional states of mind. Motivation und Emotion, 11, 101–120.

Heckhausen, H. (1977). Motivation: Kognitionspsychologische Aufspaltung eines summarischen Konstrukts. Psychologische Rundschau, 28, 175–189

Heckhausen, H. (1989). Motivation und Handeln. Berlin: Springer.

Hedgvedt, K. A. (1989). Fairness conceptualisations and comparable worth. Journal of Social Issues, 45, 81–97.

Heider, F. (1958). The Psychology of Interpersonal Relations. New York: Wiley.

Hengster, A. & Krankl, R. (1998). Die Evaluierung der Praxis und Auswirkungen des Mitarbeitergesprächs und der Vorgesetztenbeurteilung bei der Firma BauMax. Unveröffentlichte Diplomarbeit, Wien.

Herkner W. (1991). Sozialpsychologie. Bern: Hans Huber.

Herzberg, F., Mausner, B. & Snyderman, B. (1959). The Motivation to Work (2nd edition). New York: Wiley.

Homans, G. C. (1961). Social Behavior: Its Elementary Forms. New York: Hartcourt.

Huczynski, A. & Buchanan, D. (2001). Organizational Behaviour. An Introductory Text (4th edition). London: Prentice Hall.

Humble, J. (1973). MBO-Fibel. Frankfurt am Main: Herder und Herder.

Idson, L. C. & Higgins, E. T. (2000). How current feedback and chronic effectiveness influence motivation: Everything to gain versus everything to loose. European Journal of Social Psychology, 30, 583–592.

Ivancevich, J. M. & McMahon, J. T. (1982). The effects of goal setting, external feedback, and self-generated feedback on outcome variables: A field experiment. Academy of Management Journal, 25, 359–372.

Jetter, F. & Skrotzki, R. (2000). Handbuch Zielvereinbarungsgespräche. Stuttgart: Schäffer-Poeschel.

Kanfer, R. & Kanfer, F. H. (1991). Goals and self-regulation: Applications of theory to work settings. In M. L. Maehr & P. R. Pintrich (eds.), Advances in Motivation and Achievement, (S. 287–326). Greenwich, Conn.: JAI.

Kanfer, R. (1990). Motivation theory and industrial and organizational psychology. In M. D. Dunnette & L. M. Hough (eds.), Handbook of Industrial and Organizational Psychology. 7, (S. 1–53). New York: Wiley.

Kluger, A. N. & DeNisi, A. (1996). The effects of feedback interventions on performance: A historical review, a meta-analysis, and a preliminary feedback intervention theory. Psychological Bulletin, 119, 254–284.

Kluger, A. N. & DeNisi, A. (1998). Feedback Interventions: Toward the understanding of a double-edged sword. Current Directions in Psychological Science, 7, 67–72.

Kuhl, J. (1983). Motivation, Konflikt und Handlungskontrolle. Berlin: Springer.

Kuhl, J. (1987). Action control: The maintenance of motivational states. In F. Halisch & J. Kuhl (eds.), Motivation, Intention and Volition (S. 279–291). Berlin: Springer.

Kuhl, J. (1994). Handlungs- und Lageorientierung. Forschungsberichte Nr. 96, Universität Osnabrück.

Kuhl, J. (1995). Handlungs-Lageorientierung. In W. Sarges (Hrsg.), Managementdiagnostik (2. Auflage). Göttingen: Hogrefe.

Kuhl, J. & Beckmann, J. (eds.) (1994). Volition and Personality. Action versus State Orientation. Seattle: Hogrefe.

Kuhl, J. & Waldmann, M. R. (1985). Handlungspsychologie. Vom Experimentieren mit Perspektiven zu Perspektiven fürs Experimentieren. Zeitschrift für Sozialpsychologie, 16, 153–181.

Krystek, U., Becherer, D. & Deichelmann, K. (1995). Innere Kündigung. Ursachen Wirkungen und Lösungsansätze auf Basis einer empirschen Untersuchung. München: Rainer Hampp Verlag.

Latham, G. & Baldes, J. (1975). The practical significance of Locke's theory of goal setting. Journal of Applied Psychology, 60, 122–124.

Latham, G. P. & Locke, E. A. (1991). Self-regulation through goal setting. Organizational Behavior and Human Decision Processes, 50, 212–247.

Lepper, M. R., Greene, D. & Nisbett, R. E. (1973). Undermining children's intrinsic interest with extrinsic rewards: A test of the „overjustification" hypothesis. Journal of Personality and Social Psychology, 28, 129–137.

Leventhal, G. S. (1980). What should be done with equity theory? In K. J. Gergen, M. S. Greenberg & R. H. Willis (eds.), Social Exchange. Advances in Theory and Research (S. 27–55). New York: Plenum.

Locke, E. A. & Latham, G. P. (1984). Goal Setting – A Motivational Technique that Works! Englewood Cliffs: Prentice Hall.

Locke, E. A. & Latham, G. P. (1990). A Theory of Goal Setting and Task Performance. Englewood Cliffs: Prentice Hall.

Locke, E. A., Shaw, K. N., Saari, L. M. & Latham, G. P. (1981). Goal setting and task performance: 1969–1980. Psychological Bulletin, 91, 125–152.

Ludwig, T. D. & Geller, E. S. (1997). Assigned versus participative goal setting and response generalization: Managing injury control among professional pizza deliverers. Journal of Applied Psychology, 82, 253–261.

Maslow, A. H. (1954). Motivation and Personality. New York: Harpers

McClelland, D. C. (1971). Assessing Human Motivation. Morristown. New York. General Learning Press.

McClelland, D. C., Atkinson, J. W., Clark, R. A., & Lowell, E. L. (1953). The Achievement Motive. New York: Appleton-Century-Crofts.

McGregor, D. (1960). The Human Side of Enterprise. New York: Mc-Graw-Hill.

Miceli, M. P. (1993). Justice and pay system satisfaction. In R. Cropanzano (ed.), Justice in the Workplace. Approaching Fairness in Human Resource Management. Hillsdale: Lawrence Erlbaum.

Mikula, G. (Hrsg.) (1980). Gerechtigkeit und soziale Interaktion. Bern: Hans Huber.

Mitchell, T. R. (1982). Expectancy-value models in organizational psychology. In N. T. Feather (eds.), Expectations and Actions: Expectancy-Value Models in Psychology. (S. 293–312). Hillsdale, N. J.:Erlbaum.

Nachbagauer, A. & Riedl, G. (1999). Innere Kündigung. Zeitschrift Führung und Organisation, 1, 10–15.

Nerdinger F. W. (1995). Motivation und Handeln in Organisationen. Stuttgart: Kohlhammer.

Nerdinger, F. (1993). Das Mitarbeitergespräch. Eine Alternative zur herkömmlichen Beurteilung. In. J. Goller, H. Maack & B. W. Hedrich (Hrsg.), Verwaltungsmanagement. Handbuch für öffentliche Verwaltungen und öffentliche Betriebe. Stuttgart: Klett.

Neuberger, O. (1980). Das Mitarbeitergespräch. Goch: Bratt.

Neuberger, O. (1992). Widersprüche in Ordnung. In R. Königswieser & C. Lutz (Hrsg.), Das systemisch evolutionäre Management. Wien: ORAC.

Neues Lexikon in Farbe (1978). Hamburg: Olde Hansen.

Obliers, R., Vogel, G. & von Scheidt, J. (1996). Alltagshandeln. In J. Kuhl & H. Heckhausen (Hrsg.), Enzyklopädie der Psychologie, Motivation und Emotion. Band 4. Motivation, Volition und Handlung (S. 71–100). Göttingen: Hogrefe.

Peuntner, T. (1999). Management by Objectives (MbO) – Grundlagen. Personal, 10, 486.

Porter, L. W. & Lawler, E. E. (1968). Managerial Attitudes and Performance. Homewood, Ill.: Irwin-Dorsey.

Puca, R. M. (1996). Motivation diesseits und jenseits des Rubikon. Dissertation der Bergischen Universitäts-Gesamthochschule Wuppertal.

Robbins, S. P. (1998). Organizational Behavior. (8th edition). Englewood Cliffs, NJ: Prentice.

Robbins, S. P. (2001). Organizational Behavior. (9th edition). Englewood Cliffs, NJ: Prentice Hall.

Rosenstiel L. v. (2000). Grundlagen der Organisationspsychologie. Stuttgart: Schäffer-Poeschel.

Rühle, H. (1991). Zeitmanagement. In L. v. Rosenstiel, E. Regnet & M. Domsch (Hrsg.), Führung von Mitarbeitern. (S. 85–96). Stuttgart: Schäffer.

Sokolowski, K. (1996). Wille und Bewußtheit. In J. Kuhl & H. Heckhausen (Hrsg.), Enzyklopädie der Psychologie, Motivation und Emotion. Band 4. Motivation, Volition und Handlung. Göttingen: Hogrefe.

Sold, W. & Uepping, H. (1999). Strategische Unternehmenssteuerung durch Zielvereinbarungen und variable Vergütung. Personal, 10, 494–497.

Thunig, K. (1999). Erfolgsfaktoren für die Zielerreichung in Teams. Frankfurt am Main: Lang.

Vollmer, G. R. (1984). Das Mitarbeitergespräch – eine wirksame Alternative zur Leistungsbeurteilung. Personal – Mensch und Arbeit im Betrieb, 7/84, 271–274.

Vroom, V. (1964). Work and Motivation. New York: Wiley.

Weiner, B. (1994). Motivationspsychologie (3. Auflage). Weinheim: Beltz.

Weinert, F. (1987). Bildhafte Vorstellungen des Willens. In H. Heckhausen, P. Gollwitzer & F. Weinert (Hrgs.), Jenseits des Rubikon: Der Wille in den Humanwissenschaften (S.10–26). Berlin: Springer.

Weinert, A. B. (1998). Orgnanisationspsychologie. Ein Lehrbuch. (4. vollständig überarbeitete und erweiterte Auflage). Weinheim: Psychologie Verlags Union.

Westerman, R. & Heise, E. (1996). Motivation und Kognition. In J. Kuhl & H. Heckhausen (Hrsg.), Enzyklopädie der Psychologie, Motivation und Emotion. Band 4. Motivation, Volition und Handlung. Göttingen: Hogrefe.

Wiswede, G. (2000). Einführung in die Wirtschaftspsychologie. (3. Auflage). München: Ernst Reinhardt.

Womack, J. P., Jones, D. T. & Roos, D. (1991). Die zweite Revolution in der Autoindustrie. Konsequenzen aus der weltweiten Studie des Massachusetts Institute of Technology. Frankfurt am Main: Campus.

Zimbardo, P.G. (1995). Psychologie. Berlin: Springer.